3차원 인체모형

글 안나미선생님은
EBS 교육방송에서 어린이 관련 프로그램을 집필하고 있는 방송작가입니다. 특히 '인체의 신비', '열려라, 과학나라', '발명과 발견의 세계',
'별자리와 우리 천문학의 역사' 등 많은 과학프로그램과 책을 펴냈습니다.
우주와 별을 좋아하며 직접 밤하늘을 관측하러 다니는 별소녀로 한국아마추어천문학회 사무처장으로 일하기도 했으며
현재 성균관대학교 교수로 인문학 강의에도 집중하고 있습니다.

일러스트 송양호선생님은
서울예술대학 시각디자인과를 졸업하고 신문광고와 CF 등 다수의 일러스트를 제작하고 있습니다.
대표작으로는 [에너자이저] 국내 홍보용 캐릭터가 있습니다.

감수 권오길선생님은
강원대학교 자연과학대학 생명과학과 교수이며 과학을 통한 삶의 즐거움을 일깨우는 데에 열정을 쏟으며 과학의 생활화를 이끈 선구자로
2003년 제4회 대한민국 과학문화상 도서부문을 수상하셨습니다. 인체에 대해 알기쉽게 쓴 '인체기행'의 저자로 유명한 권오길 선생님은
'생물의 죽살이', '생물의 애옥살이', '생물의 다살이', '하늘을 나는 달팽이', '꿈꾸는 달팽이', '괴짜 생물 이야기', '흙에도 뭇 생명이...' 등
오묘한 생물의 세계를 체계적으로 안내하는 많은 책을 펴냈습니다.

3D Human Skeleton Model

First Edition, First Printing
Copyright ⓒ2003 by KOBOOK
All rights reserved.
Including the right of reproduction in whole or
part in any form.

3차원인체모형

2003년 5월 10일 1판 1쇄 찍음 / 2015년 9월 10일 1판 7쇄 펴냄 / 2018년 10월 10일 2판 1쇄 찍음 / **펴낸이** 서민호 / **펴낸곳** 코북(KOBOOK)
기획 정홍철 / **개발** 김재광, 이철재 / **글** 안나미 / **그림** 송양호 / **감수** 권오길 / **디자인** 서민호, 홍성현, 이경은 / **제작** 전경섭 / **마케팅** 김수영, 이정숙
등록일 1999년 11월 18일 / **등록번호** 제16-2033호
서울시 서대문구 통일로 537 / **전화** 02-395-3083 / **팩스** 02-395-3084
www.kobook.com

잘못된 책은 바꿔드립니다. 이 책에 실린 모든 내용 · 사진 · 그림 · 디자인은 저작권법에 의해 보호를 받고 있습니다.
값 35,000원   ISBN 978-89-89554-19-5   ISBN 978-39-89554-02-0(세트)

★ 어릴적 바램이 현실로 이르는 길, 코북은 그 꿈과 희망의 등대가 되어 세상에 신선한 호흡이 담긴 책을 전합니다.

소우주, 인체의 신비

👤	우리몸의 기둥, 뼈	04
👤	우리몸을 움직이는 근육	06
👤	우리몸의 컴퓨터, 뇌	08
👤	우리몸을 구석구석 돌아다니는 피	10
👤	우리몸은 어떻게 에너지를 만들까?	12
👤	우리몸은 이렇게 느껴요!	14
👤	조립설명서	16

글 | 안나미 성균관대학교 교수
그림 | 송양호
감수 | 권오길 강원대학교 교수

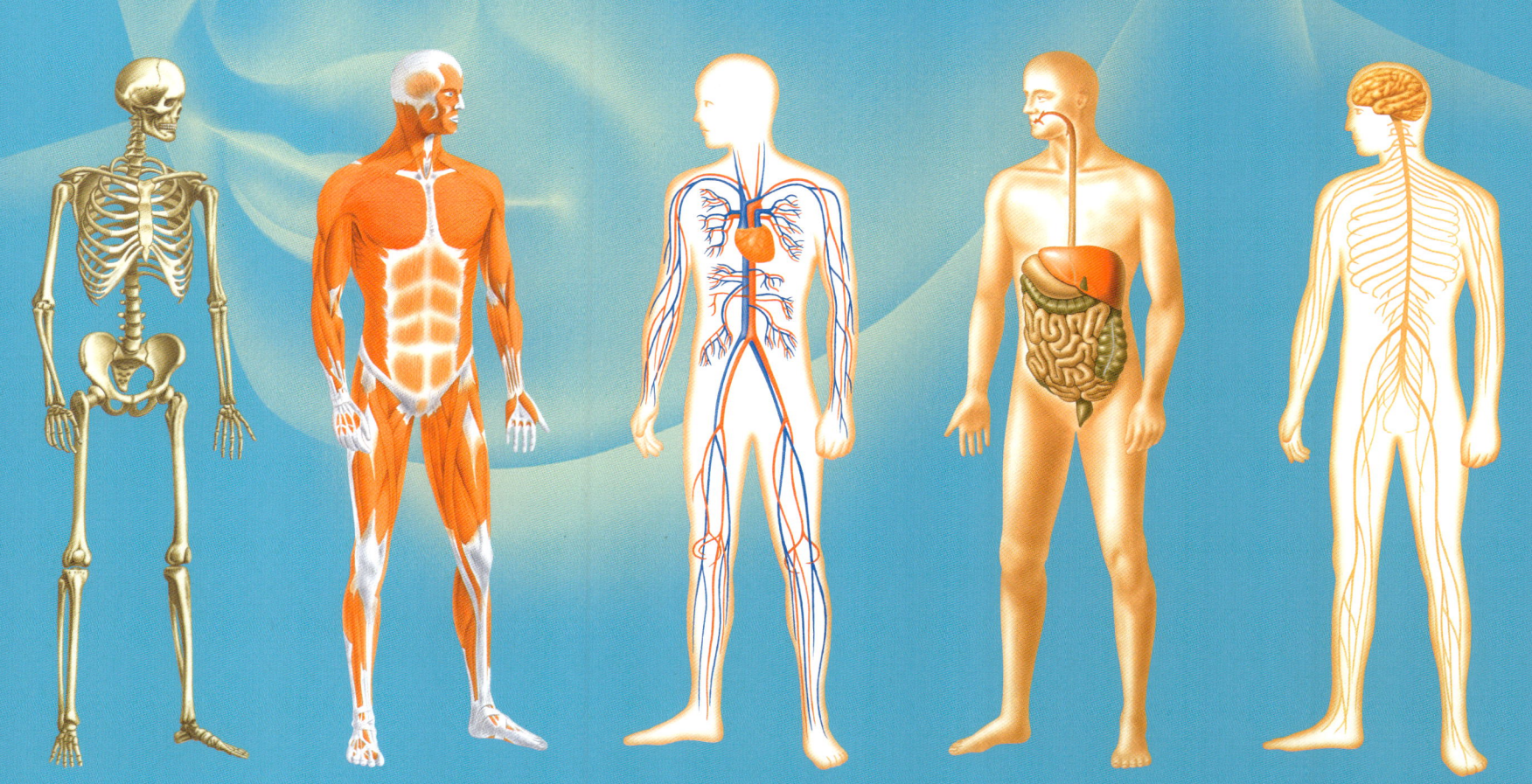

I. 우리몸의 기둥, 뼈

건물을 지을 때 철근으로 얼개를 삼듯이 뼈도 우리 몸의 기본 틀인 골격을 이룬다. 그래서 뼈가 없으면 우리 몸은 제대로 서있을 수 없다. 만약 뼈가 없다면 우리 몸은 오징어처럼 철퍼덕 바닥에 퍼져 있게 될 것이다. 뿐만 아니라 뼈는 우리 몸의 모양을 유지할 수 있게 해준다. 뼈의 길이로 키가 큰 사람, 키가 작은 사람이 되기도 하고, 골격의 모양으로 예쁘다, 밉다가 결정되기도 한다. 또한 뼈는 우리 몸 안에 있는 뇌나 심장, 폐같은 중요한 기관들을 단단하게 감싸서 보호하는 역할을 한다.

뼈 속에 있는 골수라는 조직은 피의 중요 성분을 만들어 낸다. 뼈가 생기지 않은 태아는 지라에서 혈구세포를 만들지만, 어린이는 거의 모든 뼈에서 피를 만들어낸다.

뼈는 칼슘과 인산염으로 구성되어 있는데, 인체 칼슘의 99%가 뼈와 이에 들어 있다. 칼슘은 뼈를 구성하는 것 외에도 피를 응고시키고, 근육을 수축시키며, 심장 박동을 하는 등 우리 몸에 없어서는 안되는 물질이다.

우리 몸은 206개의 뼈로 지탱된다. 이중 얼굴에 있는 14개의 뼈나 머리에 있는 8개의 뼈들은 인대로 서로 단단하게 고정되어 있다. 그리고 뼈와 뼈들은 움직일 수 있도록 관절로 연결되어 있다.

그렇다면 우리 몸의 뼈는 태어날 때부터 206개였을까? 그렇지 않다. 우리 몸의 뼈는 태아일 때는 350개쯤 되지만, 어른이 되면 206개로 줄어든다. 조각나 있던 뼈들이 필요에 따라 서로 붙기도 하고, 불필요한 뼈들은 없어지기도 하기 때문이다. 예를 들어 엉덩뼈, 궁둥뼈, 두덩뼈의 세 뼈가 어른이 됨에 따라 합쳐져 한개의 볼기뼈(광골)가 된다. 모든 뼈는 처음에는 물렁뼈에서 시작해서 단단한 뼈가 되는데, 물렁뼈 자체로 남는 것도 많다.

우리 몸에서 가장 긴뼈는 허벅지 대퇴골(넙다리뼈)로 키의 4분의 1에 해당한다.

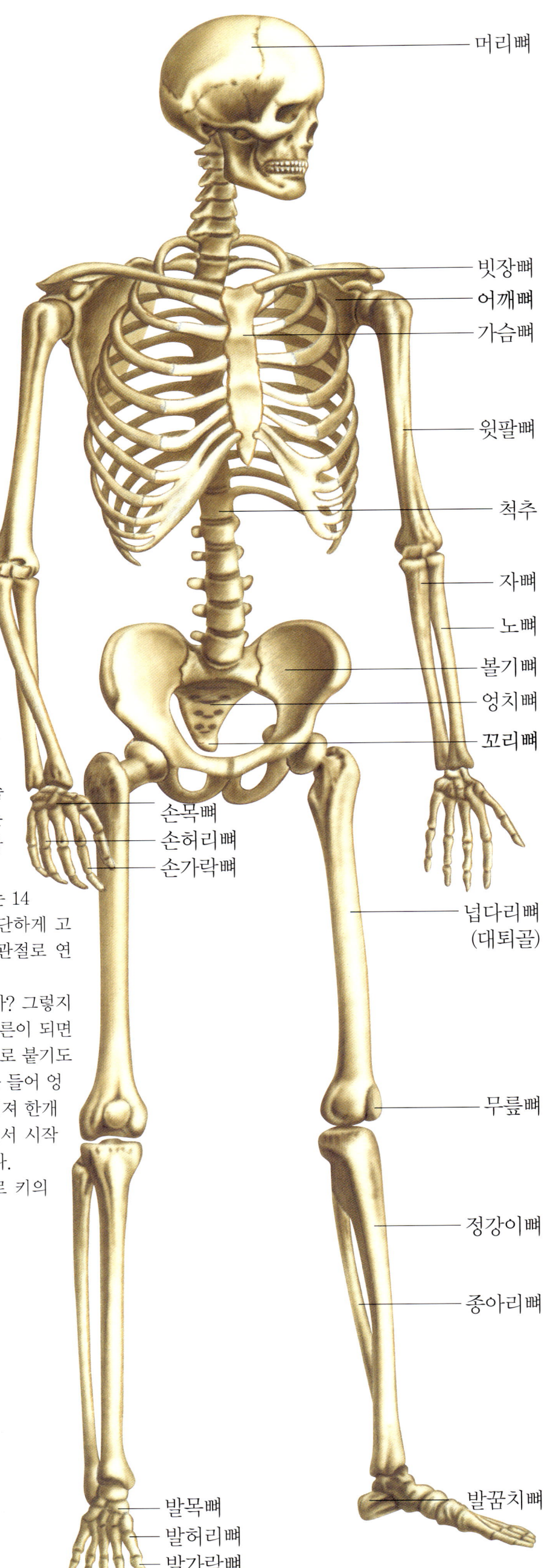

뼈의 종류에 따라 생김새가 다르다

뼈는 강철보다 단단하다. 특히 소중한 뇌를 싸서 지켜주는 머리뼈는 무척 단단하다. 뇌를 감싸고 있는 머리뼈는 23개의 넓적한 뼈가 톱니처럼 서로 맞물려 상자나 깡통같은 모양으로 단단하게 연결되어 있다. 이렇게 단단한 머리뼈는 소중한 뇌를 싸서 잘 지켜주며, 얼굴에 있는 눈, 입, 코 등의 모양을 만든다. 갈비뼈는 활처럼 휘어진 12쌍의 뼈가 앞으로는 가슴뼈, 뒤로는 등뼈와 이어져 새장같은 모양을 하고 있다. 새장 모양의 갈비뼈는 그 안에 큰 공간이 있어 심장이나 폐 같은 내장을 지킨다. 그러면서 동시에 움직이기 쉽게 되어있다. 내장을 감싸고 있는 엉덩이뼈는 밥그릇 같은 모양을 하고 있는데, 다리와 연결되어 있으면서 윗몸의 무게를 지탱하는 일을 한다.

 ### 뼈는 어떻게 생겼을까?

뼈는 겉부터 속까지 모두 딱딱하지는 않다. 만약 뼈 속까지 딱딱하다면 우리는 몸이 너무 무거워서 제대로 움직일 수가 없을 것이다. 뼈의 겉면은 단단하지만 뼈 속은 스폰지나 벌집처럼 되어 있어 단단하면서도 가볍다.

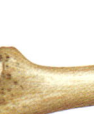

- 단단한뼈
- 해면골

손은 몇 개의 뼈로 이루어져있나?

손은 한쪽에 27개로, 양손을 합치면 모두 54개의 뼈로 이루어져 있어 매우 편리하게 움직일 수 있다. 그래서 섬세하고 꼼꼼한 바느질도 할 수 있고, 피아노도 칠 수 있으며 정교한 기계를 다룰 수도 있다. 손은 작은 뼈들이 많이 모여 있는 것이 특징인데, 손목 부분에는 8개의 둥글고 조그마한 손목뼈들이 있고, 손바닥에는 5개의 손허리뼈가 있다. 또 손가락에는 14개의 뼈가 있는데, 엄지손가락만 2개이고 나머지 손가락은 모두 3개씩이다. 손가락은 평생 2500만번 정도 굽혔다 펴기를 되풀이한다.

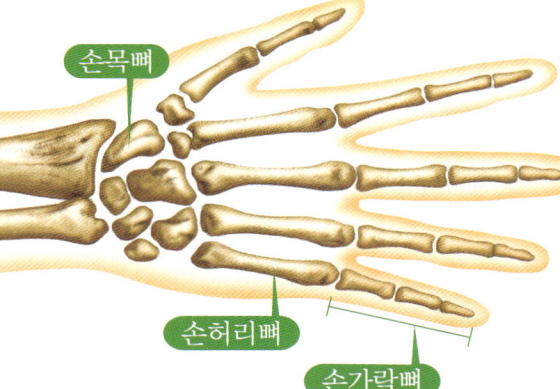

- 손목뼈
- 손허리뼈
- 손가락뼈

발, 최고의 예술품

발은 한쪽에 26개로, 양쪽 발을 합치면 모두 52개의 뼈로 이루어져 있는데, 우리 몸 전체 뼈의 4분의 1이 발에 모여있는 셈이다. 발은 76개의 관절로 이루어진 정밀한 기계로, 인류가 직립보행을 할 수 있도록 한 버팀목이다. 발은 하루에 650t의 무게를 지탱하고, 60세까지 한평생 지구를 네 바퀴 돌며 평생동안 1000만번 이상 땅과 부딪히고 약 2천만t의 무게를 지탱한다. 걸을 때 땅에 닿는 발은 몸무게의 120%를 버텨내야 하며, 뛸 때는 몸무게의 3배를 받쳐줘야 한다. 레오나르도 다빈치는 발을 인체공학의 걸작으로 꼽으며, 최고의 예술품이라고 극찬했다. 발뼈는 몸무게를 지탱하기 위해 아치형으로 되어있다.

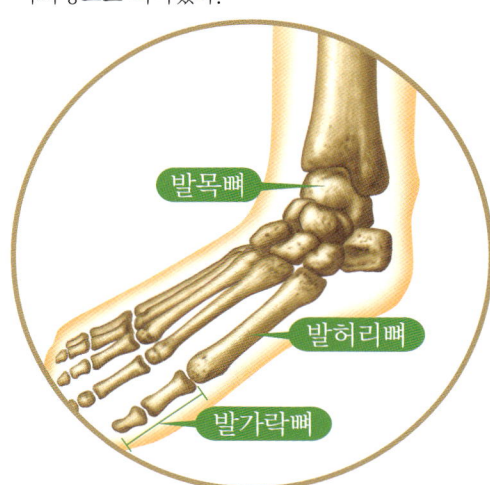

- 발목뼈
- 발허리뼈
- 발가락뼈

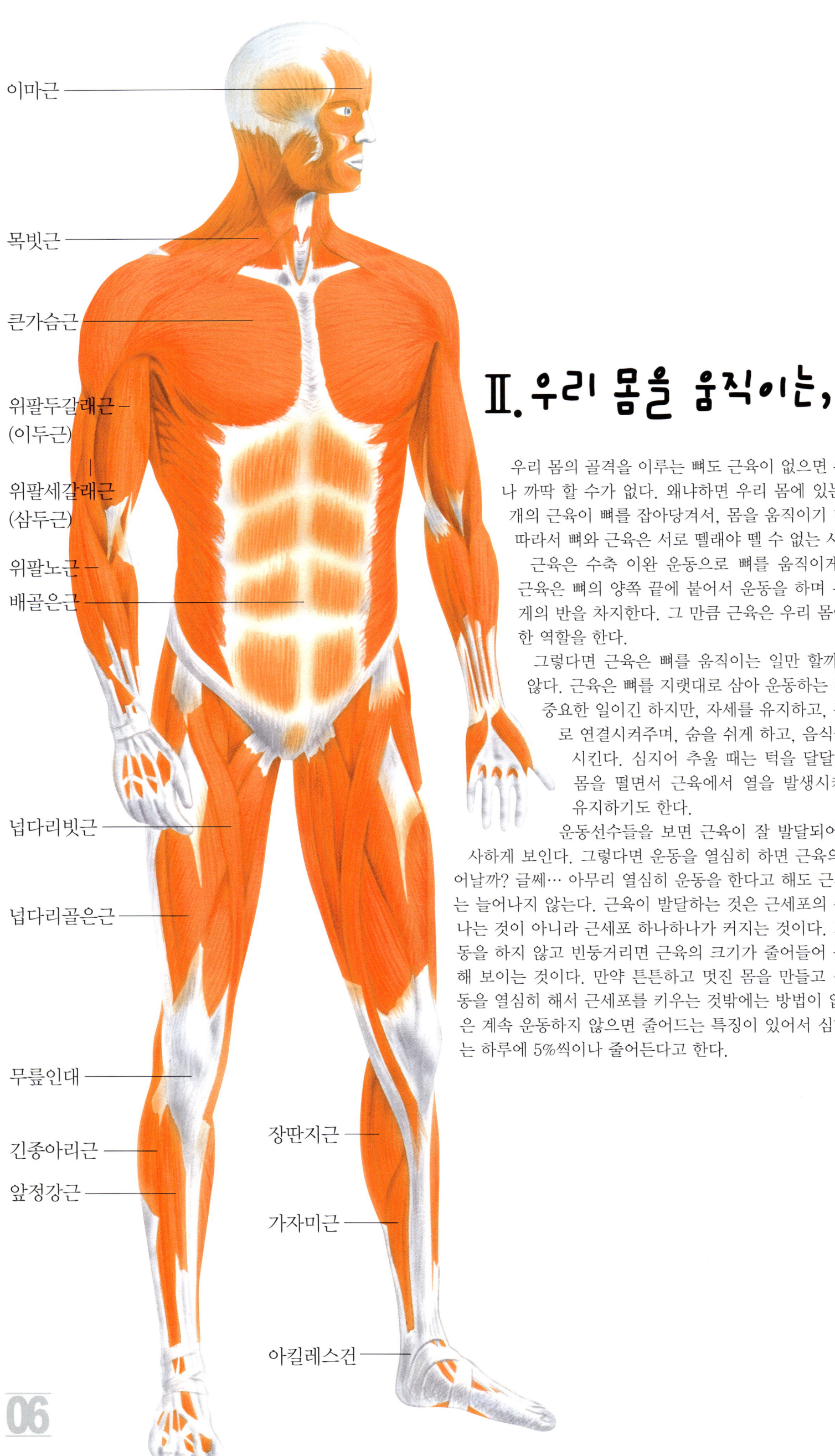

Ⅱ. 우리 몸을 움직이는, 근육

우리 몸의 골격을 이루는 뼈도 근육이 없으면 손가락 하나 까딱 할 수가 없다. 왜냐하면 우리 몸에 있는 약 640개의 근육이 뼈를 잡아당겨서, 몸을 움직이기 때문이다. 따라서 뼈와 근육은 서로 뗄래야 뗄 수 없는 사이이다.

근육은 수축 이완 운동으로 뼈를 움직이게 하는데, 근육은 뼈의 양쪽 끝에 붙어서 운동을 하며 우리 몸무게의 반을 차지한다. 그 만큼 근육은 우리 몸에서 중요한 역할을 한다.

그렇다면 근육은 뼈를 움직이는 일만 할까? 그렇지 않다. 근육은 뼈를 지렛대로 삼아 운동하는 것이 가장 중요한 일이긴 하지만, 자세를 유지하고, 관절을 서로 연결시켜주며, 숨을 쉬게 하고, 음식물을 소화시킨다. 심지어 추울 때는 턱을 달달 떨고, 온 몸을 떨면서 근육에서 열을 발생시켜 체온을 유지하기도 한다.

운동선수들을 보면 근육이 잘 발달되어 있어 근사하게 보인다. 그렇다면 운동을 열심히 하면 근육의 양이 늘어날까? 글쎄… 아무리 열심히 운동을 한다고 해도 근세포의 수는 늘어나지 않는다. 근육이 발달하는 것은 근세포의 수가 늘어나는 것이 아니라 근세포 하나하나가 커지는 것이다. 그래서 운동을 하지 않고 빈둥거리면 근육의 크기가 줄어들어 몸이 빈약해 보이는 것이다. 만약 튼튼하고 멋진 몸을 만들고 싶다면 운동을 열심히 해서 근세포를 키우는 것밖에는 방법이 없다. 근육은 계속 운동하지 않으면 줄어드는 특징이 있어서 심한 경우에는 하루에 5%씩이나 줄어든다고 한다.

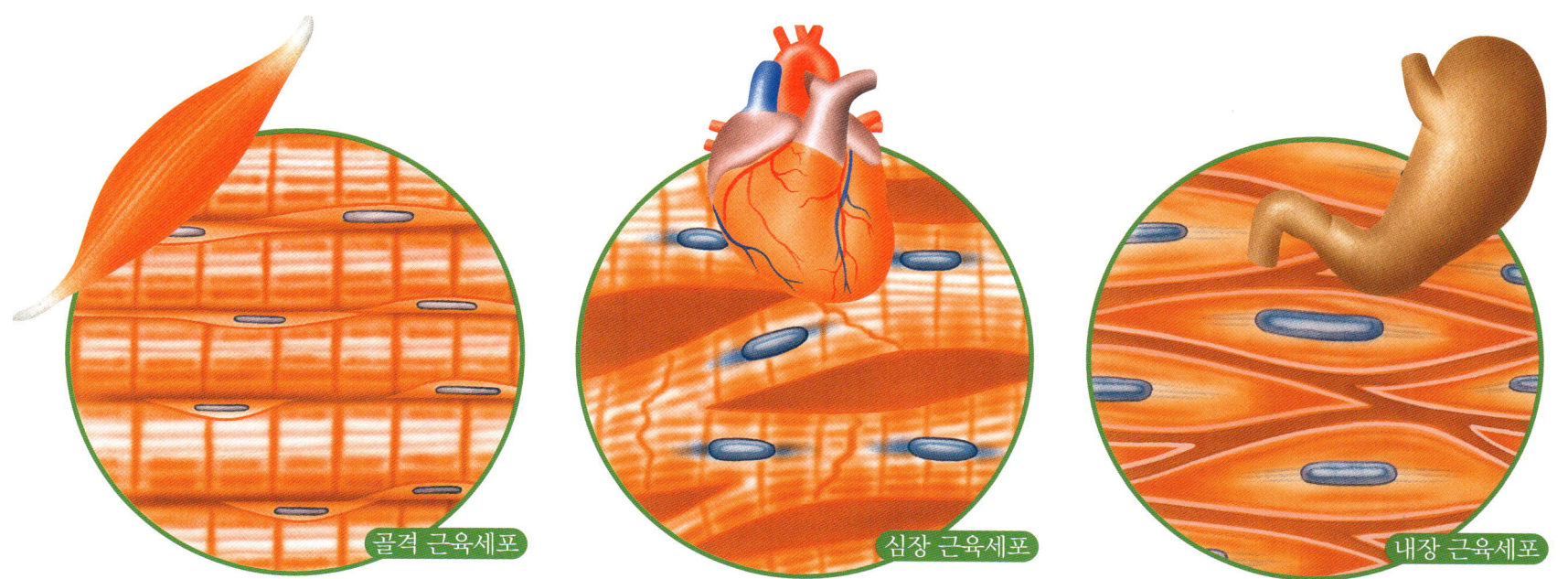

골격 근육세포　　　심장 근육세포　　　내장 근육세포

근육에도 종류가 있다.

골격근은 뼈에 붙어 있는 근육이다. 골격근은 대뇌의 명령에 따라 오므라들고 늘어나면서, 근육에 붙어 있는 뼈를 움직인다. 골격근은 우리 몸 전체에 골고루 있어서 팔과 다리를 마음대로 움직이고 여러 가지 운동을 할 수가 있게 해준다. 하지만 골격근은 운동을 빨리 할 수 있는 대신 쉽게 피로해지기 때문에 계속 움직이기는 힘들다.
내장근은 우리 몸안에 있는 위나 창자같은 내장에 있는 근육이다. 내장근은 대뇌의 명령을 받지 않고, 자율신경의 명령을 받기 때문에 우리의 생각과 상관없이 쉬지 않고 운동을 한다. 내장근은 골격근처럼 빨리 운동하지는 못하지만, 대신 천천히 쉬지 않고 계속 운동할 수 있다.
심장도 근육으로 되어 있는데 심장근은 골격근과 내장근의 특징을 모두 다 가지고 있다. 그래서 센 힘으로 움직이면서도 지치지 않으며, 대뇌의 지배를 받지도 않아 우리 생각과 상관없이 쉬지 않고 열심히 운동한다.

근육은 어떻게 생겼을까?

근육의 3분의 2를 차지하는 골격근은 어떻게 생겼을까? 골격근은 근섬유라고 하는 가늘고 긴 실 모양의 힘줄 같은 것이 모여서 만들어진다. 근섬유는 더 가느다란 근원 섬유로 이루어져 있는데, 근원 섬유 가운데는 좀더 가느다란 두 종류의 필라멘트가 있어서 서로 얽혀 있다.

근원섬유　운동신경섬유　혈관　근섬유　근주막

움직일 때 근육은 어떻게 변할까?

팔을 뻗으면 안쪽 근육의 힘살은 늘어나고 바깥쪽 근육의 힘살은 오므라든다. 이때 바깥쪽 근육은 수축되어 단단해지고 안쪽 근육은 퍼지면서 근육의 힘살이 늘어나게 된다. 팔을 구부리면 팔을 펼 때와 반대로 안쪽 근육의 힘살이 오므라들면서 불룩하게 솟아오르고, 바깥쪽 근육의 힘살은 늘어나게 된다. 팔뿐 아니라 다리를 움직일 때도 이와 같다. 이처럼 근육은 두 개의 근육이 짝을 이루어 움직일 때마다 한쪽이 늘어나고 한쪽이 오므라들게 된다.

웃을 때 근육은 얼마나 움직일까?

우리가 기분이 좋아서 웃으면 얼굴에 있는 30가지 이상의 근육이 움직인다. 찡그리고 화낼 때는 더 많은 근육이 움직인다. 근육은 오랫동안 일정한 상태로 있으면서 굳어지려고 하는 특성이 있기 때문에 예쁜 얼굴을 만들고 싶다면 항상 웃는 것이 좋다. 특히 잠잘 때 웃으면서 잠드는 버릇을 가지면 예쁜 얼굴을 만들 수 있다고 한다.

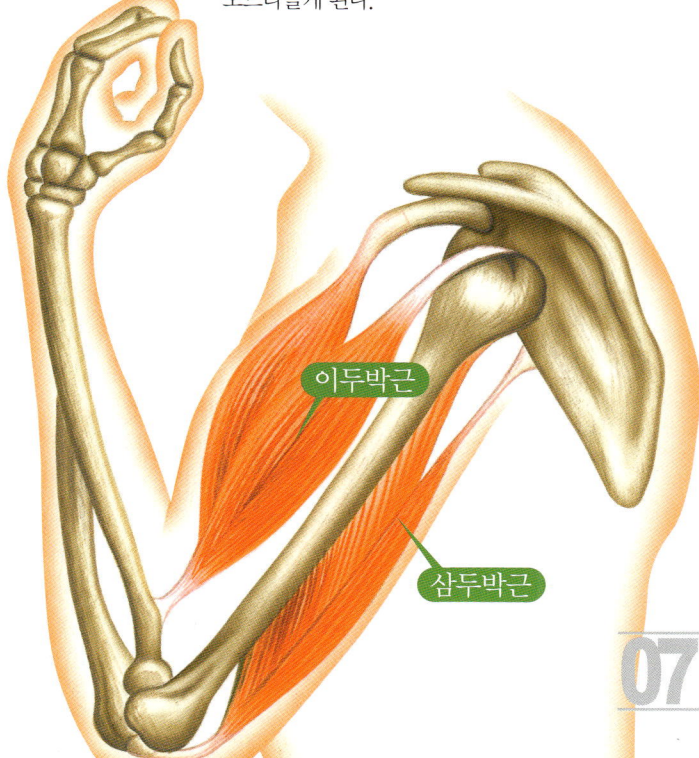

이두박근　삼두박근

Ⅲ. 우리몸의 컴퓨터, 뇌

뼈가 아무리 튼튼하고 근육이 아무리 강해도 뇌의 명령이 없으면 우리는 눈썹 하나 까딱 할 수가 없다. 왜냐하면 뼈를 움직이는 것은 근육이고 근육을 움직이도록 명령하는 것이 뇌이기 때문이다. 우리 몸에서 컴퓨터에 해당하는 뇌는 자기 스스로 움직일 수는 없지만, 엄청나게 많은 근육이 움직이도록 명령을 내린다.

모든 감각기관은 뇌에 연결되어 있기 때문에 감각기관이 느낀 것을 뇌에 전달하고, 뇌는 전달받은 것을 판단해서 명령을 내린다. 뇌에서 내린 명령은 미세한 전기자극으로 신경을 지나 근육에 전달되는데, 신체를 잘 조절해서 움직이게 하는 것이 뇌의 역할이다. 뇌는 이렇게 몸의 움직임을 조절하는 것 말고도 하는 일이 많다. 아름다운 세상을 보게 하고, 맛있는 음식의 맛을 느낄 수 있게 하고, 생일을 기억하게 하며, 좋은 사람을 만나서 즐거운 기분을 느끼게 하고, 물건 값을 계산할 수 있게 하는 등 여러 가지 일을 한다.

사람의 뇌는 활동하는 데 많은 에너지를 필요로 한다. 뇌는 몸무게의 2%밖에 되지 않지만, 평균적으로 몸 전체가 쓰는 에너지의 약 20%에 해당하는 에너지를 쓰고 있다. 이것은 하루 약 500kcal로, 밥 두 그릇에 해당하는 열량이다.

뇌는 몸에 있는 혈액의 20%를 차지하는데, 뇌의 무게는 보통 남자 어른이 1350~1400g, 여자 어른이 1200~1250g이다. 그렇다면 뇌가 크면 머리가 좋을까? 그렇지 않다. 뇌에 주름이 많으면 머리가 좋다는 말도 있지만 뇌의 주름도 머리 좋은 것과는 상관이 없다.

대뇌피질에는 신경세포가 있는데, 신경세포가 많이 연결되어야 머리가 좋다고 한다. 신경세포가 많이 연결되려면 많이 생각하고 많이 외우고, 읽고, 열심히 공부해야 한다고 하니까, 머리가 좋아지려면 부지런히 공부하는 수밖에 없다.

뇌는 7살이나 8살 정도가 되면 어른 뇌의 크기와 같은 정도로 성장할 만큼 우리 몸에서 성장이 가장 빠르다.

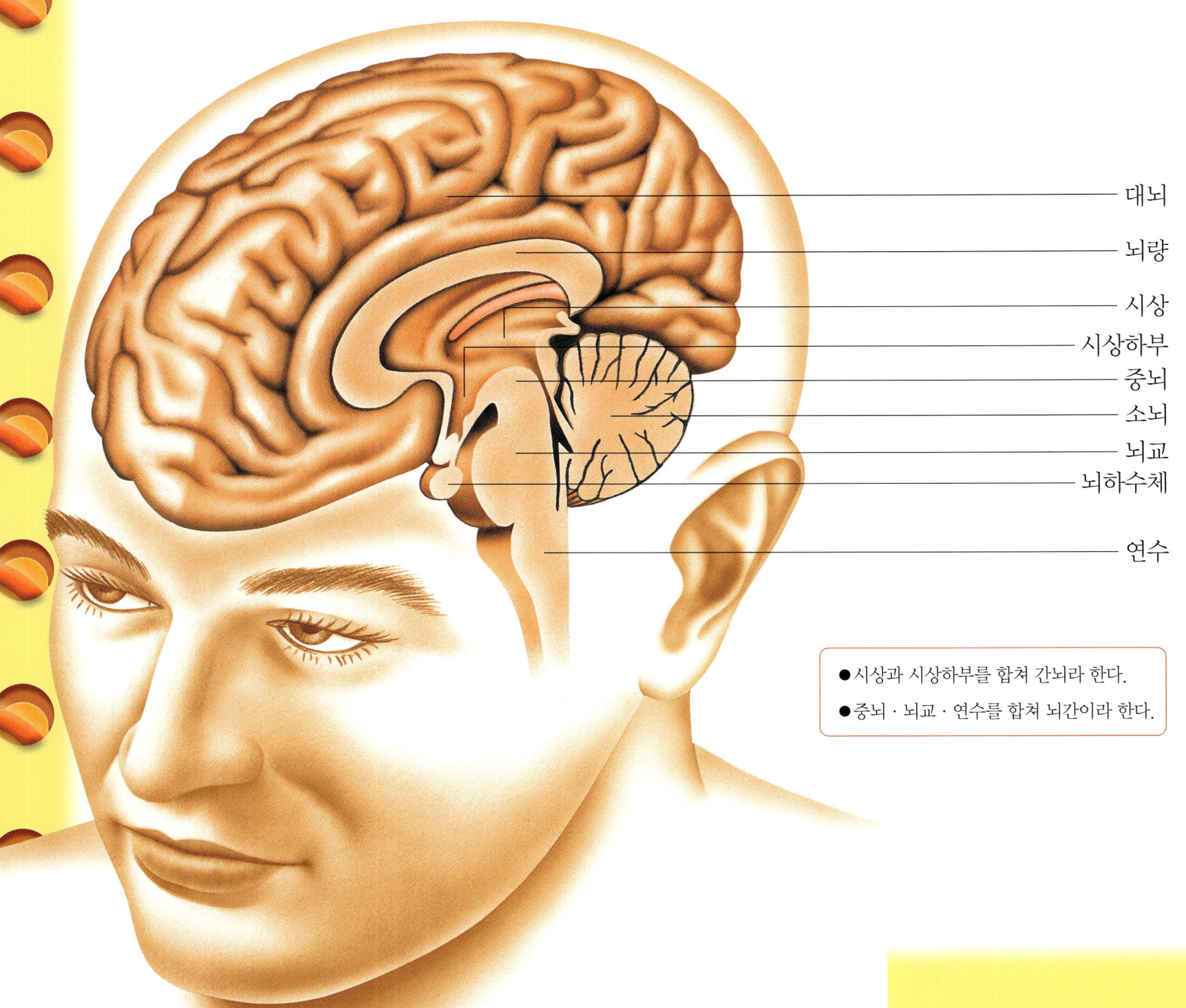

- 대뇌
- 뇌량
- 시상
- 시상하부
- 중뇌
- 소뇌
- 뇌교
- 뇌하수체
- 연수

● 시상과 시상하부를 합쳐 간뇌라 한다.
● 중뇌·뇌교·연수를 합쳐 뇌간이라 한다.

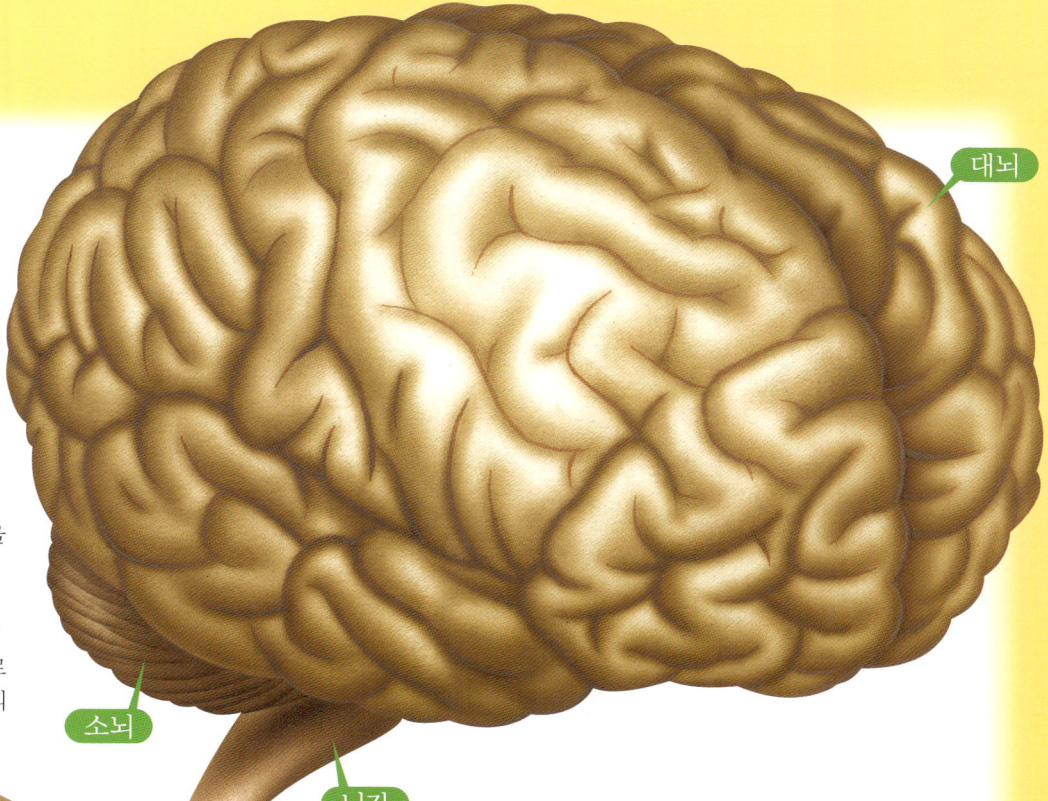

 뇌의 부위에 따라 하는 일이 다르다

뇌는 크게 대뇌, 소뇌, 뇌간으로 나뉘어 진다.
뇌의 부분 중에서 가장 늦게 진화한 대뇌는 머리 대부분을 차지하고 있으며 좌뇌와 우뇌로 이루어져 있다. 좌뇌와 우뇌는 뇌량으로 연결되어 있는데 뇌량을 통해 서로 정보를 교환한다.
소뇌는 뇌 전체의 무게의 10%로 뇌간 뒤쪽에 좌우 한쌍이 붙어 있으며, 크기는 대뇌 반구의 10분의 1에 불과하지만, 주름으로 인해 면적은 대뇌의 40% 정도 된다. 주로 몸의 평형을 유지하며, 공간운동을 조절하는 운동중추가 있고 조건반사와 감각기관의 활동을 조절한다.
뇌간은 뇌의 부분 중에서 가장 먼저 생겼으며, 뇌의 가장 안쪽에 자리잡고 있다. 무게는 200g 정도로 생명을 유지하는 일을 주로 하며 혈관의 수축과 이완, 구토, 하품, 기침, 재채기, 딸꾹질 등의 반사작용에 대한 일을 한다.

 생각은 어디서 하는 걸까?

열심히 공부한 것을 기억하고, 어떤 그림을 그릴까 생각하는 일은 뇌의 대뇌피질에서 한다. 대뇌피질은 대뇌 표면에 2~3mm 두께로 퍼져 있으며 회색으로 보이기 때문에 회백질이라 부른다. 만약 대뇌 표면에 있는 피질을 모두 펼친다면 신문지 한 면 정도의 넓이가 된다. 이렇게 넓은 표면적을 좁은 머리뼈 안에 집어 넣기 위해 대뇌에는 주름이 많은 것이다.

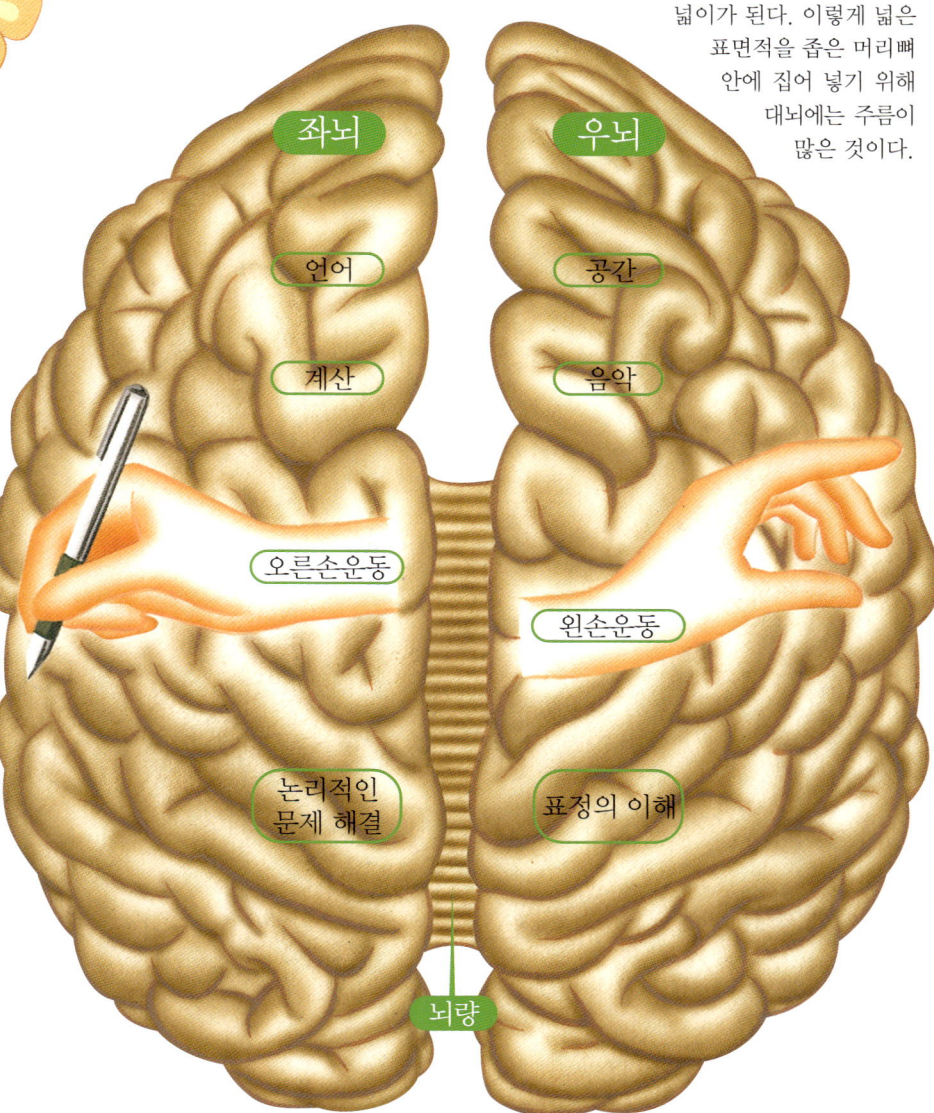

 좌뇌와 우뇌는 차이가 있다

좌뇌는 일반적으로 언어의 이해나 말하기, 이치로 따지는 것 등 언어, 계산, 이론적 사고와 관련되어 있으며 우뇌는 음악이나 표정, 공간의 이해 등 예술적인 사고와 관련되어 있다.
몸의 왼쪽을 지배하는 뇌는 우뇌이고 몸의 오른쪽을 지배하는 뇌는 좌뇌이다. 따라서 만약 수학과 과학을 잘하고 싶어 좌뇌를 발전시키려면 오른손을 많이 쓰고 미술과 음악을 잘하려면 왼손을 많이 쓰는 것이 좋다. 그러나 보통의 경우에는 좌우의 뇌가 뇌량이라는 신경으로 연결되어 있기 때문에 서로 협조하여 작용하고 있다. 특히 여성의 경우 뇌량이 남성의 2배나 되어 좌뇌와 우뇌의 정보교환이 활발하다고 한다.

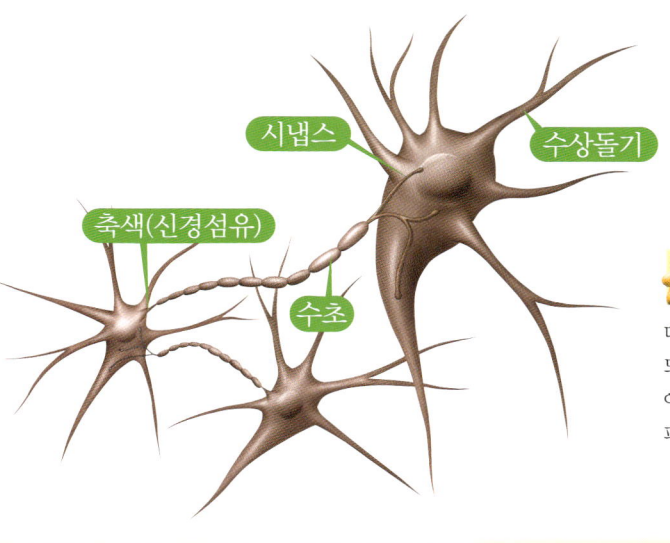

 뇌의 신경세포는 어떻게 생겼을까?

대뇌피질에는 약 140억 개나 되는 신경 세포가 있다. 신경 세포끼리는 신경 섬유에 의해 복잡하게 연결되어 있으며 여러가지 정보를 전달한다. 신경세포는 뉴런이라고 부르는데, 뉴런은 위치와 기능에 따라 여러 가지 모양을 하고 있다. 운동을 조절하는 소뇌에 있는 뉴런은 납작하고 가지가 산삼뿌리처럼 넓게 퍼져 있다. 뉴런 중에는 척추를 따라 길게 뻗어 1m가 넘는 것도 있다.

Ⅳ. 우리몸을 구석 구석 돌아다니는 피

뇌가 명령하지 않으면 우리 몸은 눈썹 하나도 움직일 수 없다고 했다. 하지만 그렇게 막강한 힘을 가진 뇌도 피가 없으면 곧 그 기능을 멈추고 만다. 왜냐하면 피는 생명을 유지하는 데 필요한 산소와 영양분과 이산화탄소 등을 우리몸 구석구석에 전달하기 때문이다.

피는 산소와 영양소를 온몸에 있는 세포로 보내고, 세포에서 이산화탄소와 노폐물을 받아낸다. 또 피 속에 있는 면역 세포인 백혈구와 림프구는 침입해 오는 병원체와 싸운다.

피는 우리 몸무게의 약 8%를 차지한다. 그래서 몸무게가 40kg 이라면 피는 약 3ℓ가 된다.

피의 양은 거의 일정해서 물을 마셨을 때나 피를 조금 흘렸을 때도 핏줄을 통해 흐르는 혈액량을 자율적으로 조절하여 전체 피의 양은 변하지 않는다.

피가 건강하면 혈액순환이 잘 되고 혈액순환이 잘 되면 신진대사가 원활해져서 건강한 생활을 할 수 있다.

우리몸에 꼭 필요한 피를 온 몸으로 보내는 핏줄(혈관)은 동맥과 정맥, 실핏줄(모세혈관)로 나뉜다. 동맥은 심장으로부터 피를 운반하는데, 동맥은 가지를 쳐서 가느다란 실핏줄이 되고, 이 실핏줄들은 정맥으로 모여서 피를 심장으로 돌려보내는 일을 한다.

핏줄에는 열고 닫는 장치가 있는데, 잠잘 때는 실핏줄의 반이 닫혀 있어서 피가 흐르지 않는다. 지름이 1/100분의 1mm 정도밖에 안되는 실핏줄은 뼈의 내부까지 포함하여 온몸 구석구석까지 퍼져 있다. 우리 몸에서 피가 돌지 않는 곳은 물렁뼈와 눈의 수정체, 각막, 결막 정도이다.

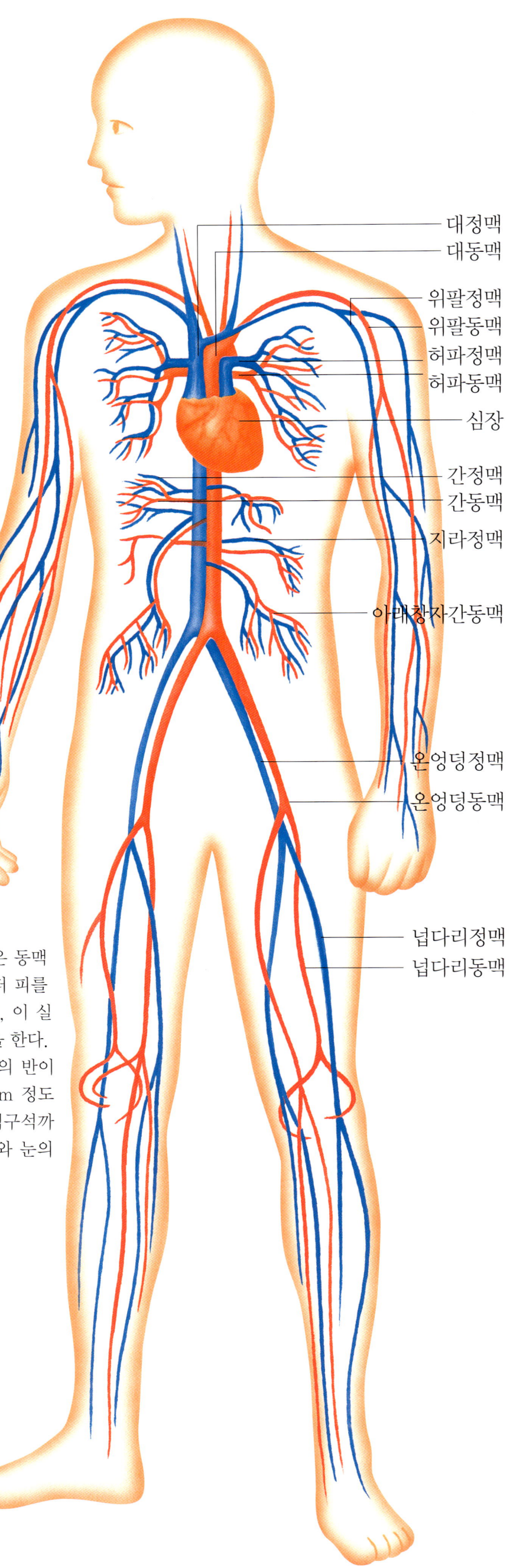

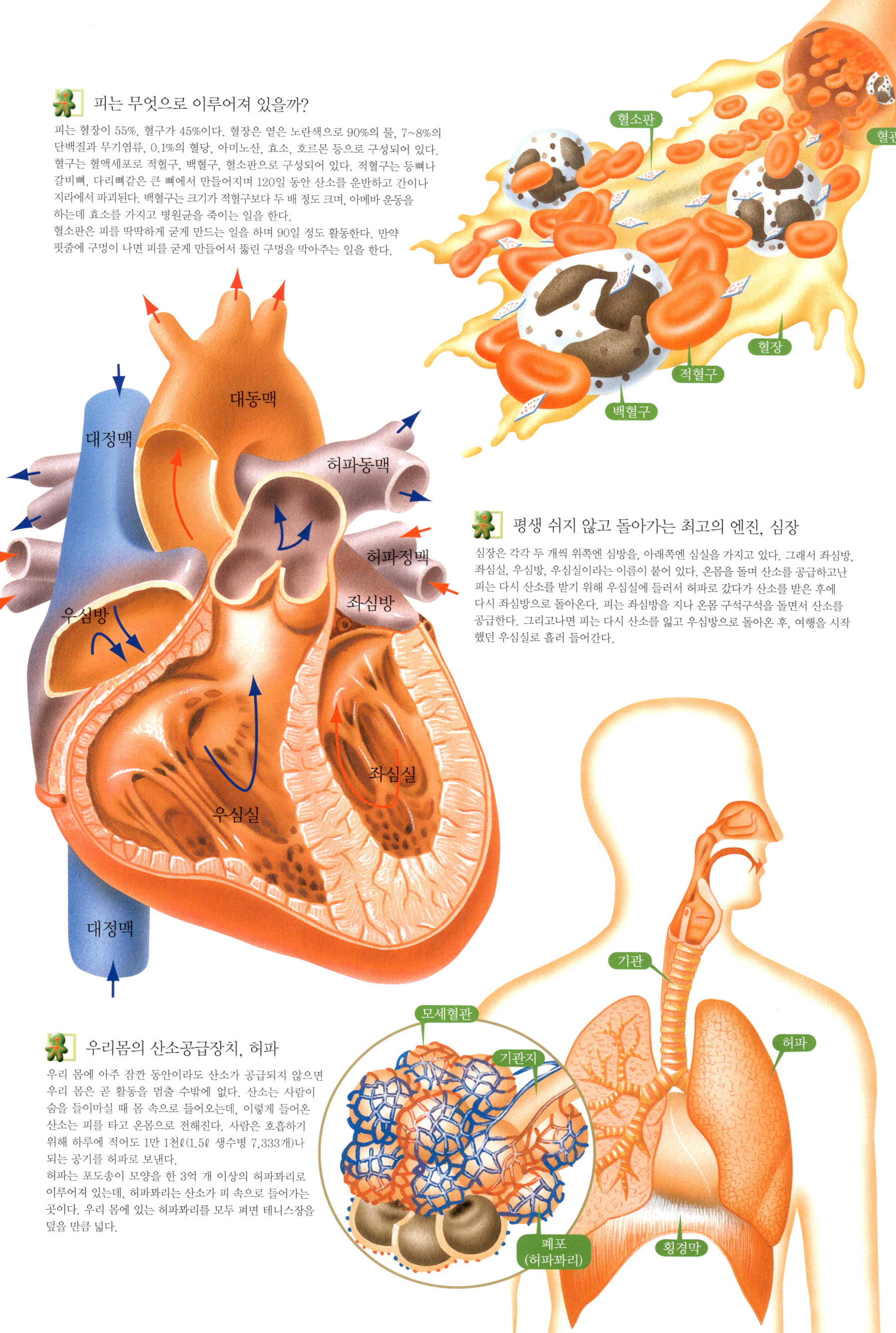

피는 무엇으로 이루어져 있을까?

피는 혈장이 55%, 혈구가 45%이다. 혈장은 옅은 노란색으로 90%의 물, 7~8%의 단백질과 무기염류, 0.1%의 혈당, 아미노산, 효소, 호르몬 등으로 구성되어 있다. 혈구는 혈액세포로 적혈구, 백혈구, 혈소판으로 구성되어 있다. 적혈구는 등뼈나 갈비뼈, 다리뼈같은 큰 뼈에서 만들어지며 120일 동안 산소를 운반하고 간이나 지라에서 파괴된다. 백혈구는 크기가 적혈구보다 두 배 정도 크며, 아메바 운동을 하는데 효소를 가지고 병원균을 죽이는 일을 한다.
혈소판은 피를 딱딱하게 굳게 만드는 일을 하며 90일 정도 활동한다. 만약 핏줄에 구멍이 나면 피를 굳게 만들어서 뚫린 구멍을 막아주는 일을 한다.

평생 쉬지 않고 돌아가는 최고의 엔진, 심장

심장은 각각 두 개씩 위쪽엔 심방을, 아래쪽엔 심실을 가지고 있다. 그래서 좌심방, 좌심실, 우심방, 우심실이라는 이름이 붙어 있다. 온몸을 돌며 산소를 공급하고난 피는 다시 산소를 받기 위해 우심실에 들러서 허파로 갔다가 산소를 받은 후에 다시 좌심방으로 돌아온다. 피는 좌심방을 지나 온몸 구석구석을 돌면서 산소를 공급한다. 그리고나면 피는 다시 산소를 잃고 우심방으로 돌아온 후, 여행을 시작했던 우심실로 흘러 들어간다.

우리몸의 산소공급장치, 허파

우리 몸에 아주 잠깐 동안이라도 산소가 공급되지 않으면 우리 몸은 곧 활동을 멈출 수밖에 없다. 산소는 사람이 숨을 들이마실 때 몸 속으로 들어오는데, 이렇게 들어온 산소는 피를 타고 온몸으로 전해진다. 사람은 호흡하기 위해 하루에 적어도 1만 1천ℓ(1.5ℓ 생수병 7,333개)나 되는 공기를 허파로 보낸다.
허파는 포도송이 모양을 한 3억 개 이상의 허파꽈리로 이루어져 있는데, 허파꽈리는 산소가 피 속으로 들어가는 곳이다. 우리 몸에 있는 허파꽈리를 모두 펴면 테니스장을 덮을 만큼 넓다.

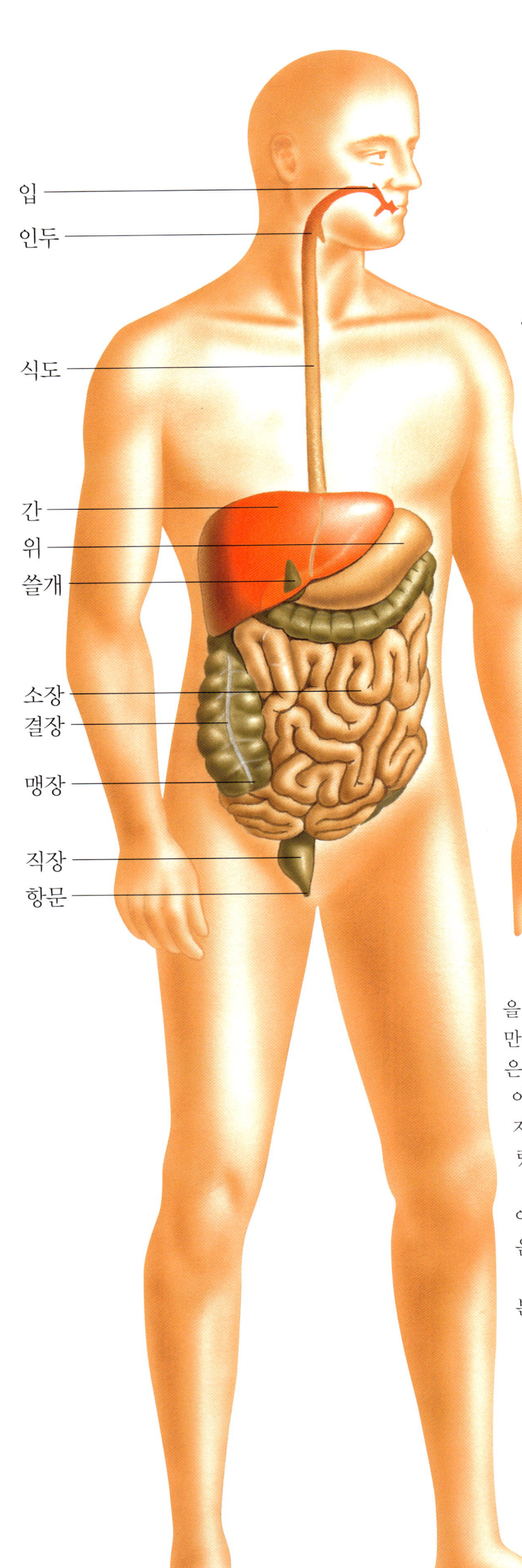

입
인두
식도
간
위
쓸개
소장
결장
맹장
직장
항문

V. 우리몸은 어떻게 에너지를 만들까?

튼튼한 뼈와 힘센 근육, 명석한 두뇌, 그리고 온 몸 구석구석까지 잘 도는 피가 있다고 해도 에너지가 없으면 우리 몸은 모든 동작을 멈추고 말 것이다. 휘발유가 없이 자동차가 움직이지 않는 것처럼, 전기가 없이 기계가 움직이지 않는 것처럼 말이다.

그렇다면 우리 몸을 움직이게 하는 에너지는 무엇일까? 바로 우리가 매일 먹는 음식이다. 우리가 음식을 먹어야 우리 몸은 음식을 에너지로 바꿔서 심장을 뛰게 하고 숨을 쉬게 하고 손가락 하나라도 움직이게 할 수 있다.

그렇다면 밥 한 공기, 피자 한 조각, 우유 한 컵은 어떻게 우리 몸을 움직이게 하는 에너지로 바뀔까? 그것은 바로 음식물을 분해해서 그 영양분을 흡수하는 소화작용이 있기 때문에 가능하다.

우리 몸을 움직이게 하는 에너지는 음식물로부터 얻는 영양분과 공기로부터 얻는 산소의 작용으로 만들어진다. 음식물은 여러 가지 영양소로 이루어져 있는데, 이 영양소는 피에 의해 온몸으로 운반된다.

삼켜진 음식물이 처음 머무는 곳은 위이다. 위는 음식물을 잘게 부수고 소화효소가 들어있는 액체로 흠뻑 적셔서 걸쭉하게 만든다. 그리고 나면 음식물은 작은 창자를 지나가는데, 이때 영양분은 피 속으로 빨려 들어간다. 작은 창자를 지나고 나면 음식물에 들어있는 대부분의 물과 무기질은 큰창자에서 다시 빨아들인다. 큰창자를 지나고 난 음식물 찌꺼기는 소화기관의 끝부분인 직장에 머물렀다가 대변이 되어 몸밖으로 나온다.

소화가 끝나 영양분이 빠진 음식물 찌꺼기는 큰창자를 통해 대변이 되고, 신장(콩팥)을 통해 소변이 되어 몸밖으로 나온다. 이렇게 음식물을 소화시키는 데는 꼬박 하루가 걸린다.

우리가 일년에 먹는 음식의 양은 약 500kg 정도로 소형차 한 대 분량이라고 한다.

● 맹장 · 결장 · 직장을 합쳐 대장이라 한다.

위, 몸속의 믹서

식도를 통과한 음식물은 제일 먼저 위에 들어간다. 위로 들어간 음식물은 강한 산성의 위액과 소화액으로 걸쭉한 죽처럼 변한다. 소장으로 음식물을 보내기 위해 약 4시간 동안 음식물을 저장하는 위는 강력한 염산을 가지고 음식물 중에 있는 해로운 병원체를 죽여 음식물이 부패하는 것을 막아준다. 위산은 금속마저 녹여버리는 염산이 주성분인데 이런 강력한 염산에 위벽이 닿으면 위벽은 금세 헐어버리고 심지어 구멍이 날 수도 있다. 그래서 위벽은 끈적끈적한 점액으로 덮여 있어 강한 위액을 피하고 위벽 스스로가 소화되지 않도록 한다.

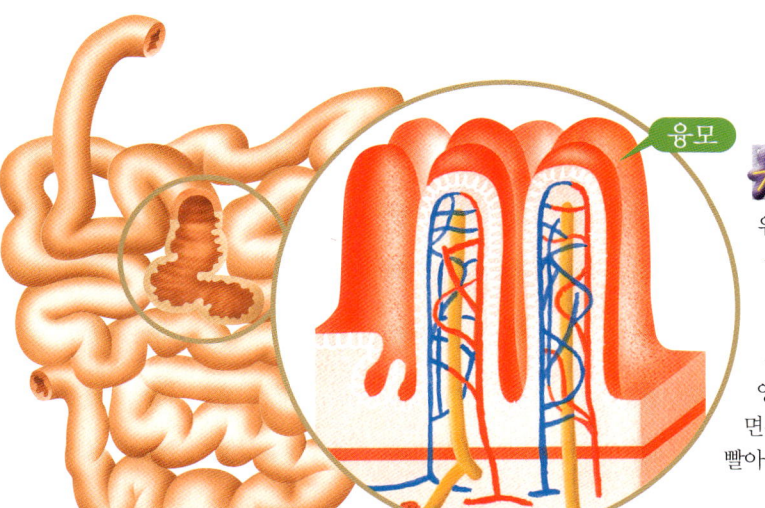

 ## 작은창자(소장), 영양분 흡수장치

위에서 걸쭉하게 만들어진 음식물은 작은창자로 내려간다. 작은창자는 음식물을 소화하고, 흡수하는 일을 하는데, 음식물 중에 있는 화학성분을 빨리 판단하고 소화시키기 위해 주변의 장기에게 명령을 내리는 중요한 일을 한다. 그래서 장을 제2의 뇌라고도 부른다. 작은창자는 소화기관 중에서 길이가 가장 긴데, 그 길이는 무려 3m로 우리 키보다도 훨씬 길다. 작은창자의 안쪽 벽에는 많은 아주 작은 융모(융털)가 돋아 있어, 마치 수건같기도 하고 털로 된 양탄자처럼 보이기도 한다. 이 올록볼록한 융모 덕분에 작은창자는 영양분을 빨아들일 수 있는 면적이 엄청나게 넓어진다. 이것은 효율적으로 음식물을 소화, 흡수하기 위해서이다. 융모 표면에서 빨아들인 영양분은 실핏줄이나 림프관으로 들어가 우리 몸의 에너지가 된다.

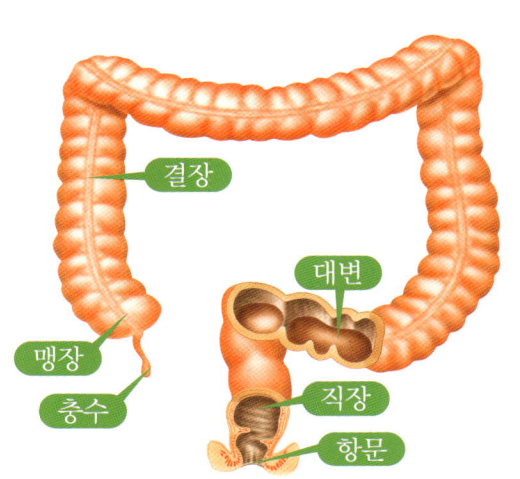

 ## 큰창자(대장), 대변을 만드는곳

작은창자에서 영양분을 흡수하고 나면 음식물 찌꺼기가 남게 되는데, 이 음식물 찌꺼기는 큰창자로 넘어온다. 소화와 흡수의 대부분은 작은창자에서 이루어지고 큰창자는 그 찌꺼기의 부피가 약 4분의 1로 줄어 줄 때까지 수분을 빨아들여 단단한 모양의 대변을 만든다. 큰창자는 맹장, 결장, 직장으로 되어 있다. 길이는 약 1.5m, 굵기는 6cm 정도로 작은창자에 비해 길이는 짧지만 굵기 때문에 큰창자라고 한다. 대장에는 2천 가지가 넘는 세균이 살고 있는데, 우리 몸에 이로운 세균들이 많을 때는 우리 몸이 별탈 없이 건강하고, 해로운 세균이 많아지면 설사나 배탈이 생긴다. 대장균은 작은창자에서 내려온 음식찌꺼기를 분해하여 여러 종류의 비타민과 아미노산 등을 우리 몸에 보내준다.

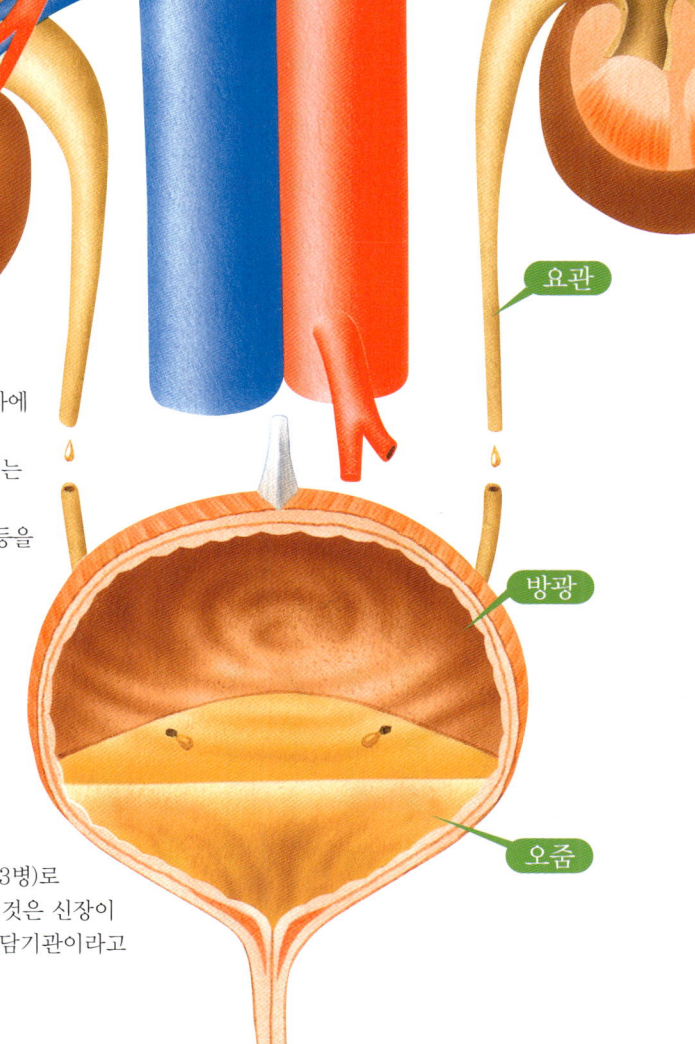

 ## 몸속 쓰레기 처리는 어떻게?

신장(콩팥)은 피를 걸러내는 바깥 부분과 오줌을 모으는 안쪽 공간으로 되어 있다. 신장은 백만 개의 촘촘한 여과기인 네프론을 가지고 있는데, 네프론 하나하나는 피에서 필요없는 쓰레기를 걸러내는 일을 한다. 신장이 하루에 만들어내는 원뇨(소변 이전 상태의 액체)의 양은 170ℓ (1.5ℓ 생수병 113병)로 드럼통 하나에 해당하는 엄청난 양이다. 하지만 진짜 소변의 양은 약 1.5ℓ 뿐이다. 이것은 신장이 원뇨의 99%까지를 재흡수하기 때문이다. 그래서 신장은 우리 몸의 확실한 재활용 전담기관이라고 할 수 있다.

VI. 우리몸은 이렇게 느껴요!

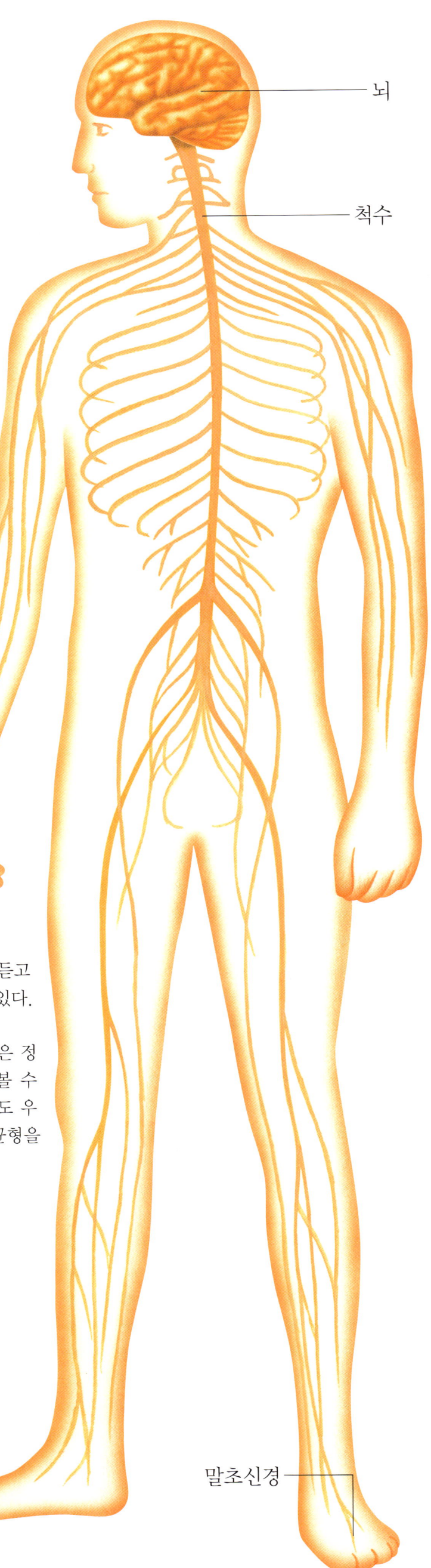

뇌

척수

말초신경

우리가 보고 듣고 느끼는 것은 신경이 있기 때문이다. 우리 몸의 신경계는 중추신경과 말초신경으로 나눌 수 있는데, 중추신경은 전체적인 일을 맡아하고 말초신경은 각각의 일을 맡아한다. 중추신경은 뇌와 척추를 따라 달리는 척수이다. 중추신경은 눈, 코, 입, 손, 발 등 온몸에서 정보를 보내주면 그 정보를 바탕으로 다시 몸 전체에 명령을 내린다. 그래서 눈으로 신호등의 빨간 불빛을 보게 되면 그 신호는 중추신경을 통해 뇌에 전달되고 뇌는 건너지 말고 멈추라는 명령을 내려 우리를 안전하게 멈출 수 있게 하는 것이다. 하지만 눈이 제대로 정보를 줄 수가 없다거나 귀가 잘못된 정보를 주게되면 제대로 된 명령을 내릴 수 가 없다. 중추신경은 '뉴런'이라고 부르는 신경세포가 만드는 배선으로 되어 있는데, 이 뉴런의 배선은 태어날 때부터 완전하게 정해진 것이 아니라, 자라면서 정보를 통해 이루어진다. 따라서 신경세포가 활발하게 연결되는 시기라고 할 수 있는 성장기에는 많이 읽고, 보고, 듣고, 느끼고, 말하고, 생각하면서 많은 감각 정보를 받아들여야 한다.

어릴 때 충분하게 감각의 자극을 받지 못하면 신경세포는 많이 연결되지 않고 그렇게 되면 머리가 좋아질 수가 없다. 우리 몸이 보고, 듣고, 느끼는 말초신경이 뇌를 자극시켜서 뇌가 성장하게 된다.

우리 몸의 감각기관은 크게 사물을 보는 눈, 냄새를 맡는 코, 소리를 듣고 평형감각을 유지하는 귀, 맛을 보는 혀, 감촉을 느끼는 피부로 나눌 수 있다. 이를 오관이라 한다.

눈은 뇌의 한부분으로 바깥으로 나와있는 뇌라고 할 수 있다. 우리 몸은 정보의 80%를 눈으로 받아들이는데, 눈을 통해 모양과 색깔, 움직임을 볼 수 있다. 귀는 소리로 된 정보를 뇌에 전달한다. 귀는 소리를 듣는 것 말고도 우리 몸이 균형을 잡도록 도와주기 때문에 귀에 문제가 생기면 어지럽고 균형을 잡을 수 없다.

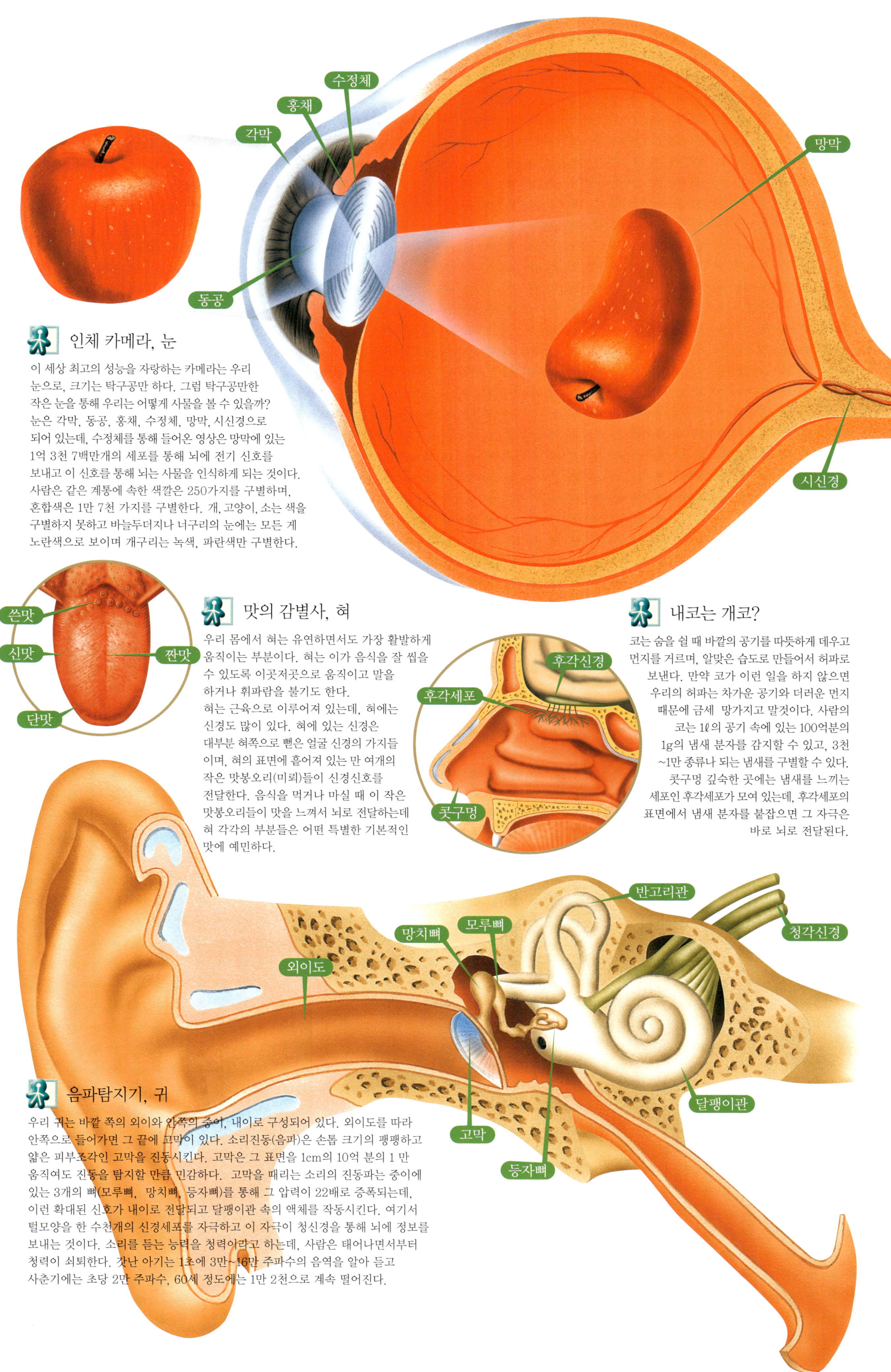

인체 카메라, 눈

이 세상 최고의 성능을 자랑하는 카메라는 우리 눈으로, 크기는 탁구공만 하다. 그럼 탁구공만한 작은 눈을 통해 우리는 어떻게 사물을 볼 수 있을까? 눈은 각막, 동공, 홍채, 수정체, 망막, 시신경으로 되어 있는데, 수정체를 통해 들어온 영상은 망막에 있는 1억 3천 7백만개의 세포를 통해 뇌에 전기 신호를 보내고 이 신호를 통해 뇌는 사물을 인식하게 되는 것이다. 사람은 같은 계통에 속한 색깔은 250가지를 구별하며, 혼합색은 1만 7천 가지를 구별한다. 개, 고양이, 소는 색을 구별하지 못하고 바늘두더지나 너구리의 눈에는 모든 게 노란색으로 보이며 개구리는 녹색, 파란색만 구별한다.

맛의 감별사, 혀

우리 몸에서 혀는 유연하면서도 가장 활발하게 움직이는 부분이다. 혀는 이가 음식을 잘 씹을 수 있도록 이곳저곳으로 움직이고 말을 하거나 휘파람을 불기도 한다.
혀는 근육으로 이루어져 있는데, 혀에는 신경도 많이 있다. 혀에 있는 신경은 대부분 혀쪽으로 뻗은 얼굴 신경의 가지들이며, 혀의 표면에 흩어져 있는 만 여개의 작은 맛봉오리(미뢰)들이 신경신호를 전달한다. 음식을 먹거나 마실 때 이 작은 맛봉오리들이 맛을 느껴서 뇌로 전달하는데 혀 각각의 부분들은 어떤 특별한 기본적인 맛에 예민하다.

내코는 개코?

코는 숨을 쉴 때 바깥의 공기를 따뜻하게 데우고 먼지를 거르며, 알맞은 습도로 만들어서 허파로 보낸다. 만약 코가 이런 일을 하지 않으면 우리의 허파는 차가운 공기와 더러운 먼지 때문에 금세 망가지고 말것이다. 사람의 코는 1ℓ의 공기 속에 있는 100억분의 1g의 냄새 분자를 감지할 수 있고, 3천~1만 종류나 되는 냄새를 구별할 수 있다. 콧구멍 깊숙한 곳에는 냄새를 느끼는 세포인 후각세포가 모여 있는데, 후각세포의 표면에서 냄새 분자를 붙잡으면 그 자극은 바로 뇌로 전달된다.

음파탐지기, 귀

우리 귀는 바깥 쪽의 외이와 안쪽의 중이, 내이로 구성되어 있다. 외이도를 따라 안쪽으로 들어가면 그 끝에 고막이 있다. 소리진동(음파)은 손톱 크기의 팽팽하고 얇은 피부조각인 고막을 진동시킨다. 고막은 그 표면을 1cm의 10억 분의 1 만 움직여도 진동을 탐지할 만큼 민감하다. 고막을 때리는 소리의 진동파는 중이에 있는 3개의 뼈(모루뼈, 망치뼈, 등자뼈)를 통해 그 압력이 22배로 증폭되는데, 이런 확대된 신호가 내이로 전달되고 달팽이관 속의 액체를 작동시킨다. 여기서 털모양을 한 수천개의 신경세포를 자극하고 이 자극이 청신경을 통해 뇌에 정보를 보내는 것이다. 소리를 듣는 능력을 청력이라고 하는데, 사람은 태어나면서부터 청력이 쇠퇴한다. 갓난 아기는 1초에 3만~16만 주파수의 음역을 알아 듣고 사춘기에는 초당 2만 주파수, 60세 정도에는 1만 2천으로 계속 떨어진다.

조립설명서

3차원 인체 모형의 특징

— 풀과 칼이 필요 없이 부품을 뜯어낸 후 바로 끼워 조립할 수 있어 누구나 쉽게 만들 수 있습니다.
— 부품은 머리 10조각, 몸통 50조각, 팔 10조각, 다리 16조각, 걸이판 1조각, 총 87조각으로 이루어져 있습니다.
— 외형과 그래픽은 인체골격에 관한 의학자료를 바탕으로 재현하였습니다.
— 완성품은 걸이판과 낚싯줄을 이용하여 천장에 걸어 보관할 수 있습니다.

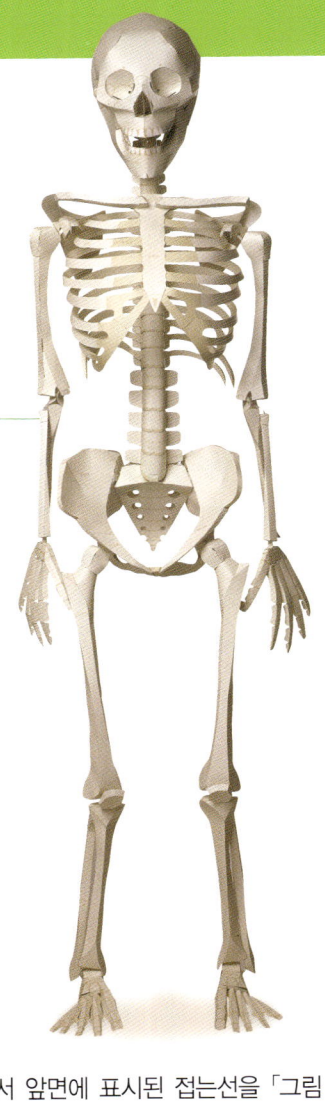

➡ 조립시 꼭 읽어야 하는 내용

- 종이로 제작된 부품이므로 손을 베거나, 부품이 찢어지지 않도록 무리한 힘을 가하지 않고 뜯어냅니다.
- 설명서의 조립순서를 따라 조립하면 됩니다.
- 만약 부품이 찢어졌을 경우 찢어진 부분을 스카치테이프로 붙여 보수하면 됩니다.
- 조립에는 요령이 필요합니다. 다음을 자세히 읽고 공작에 들어가도록 합니다.

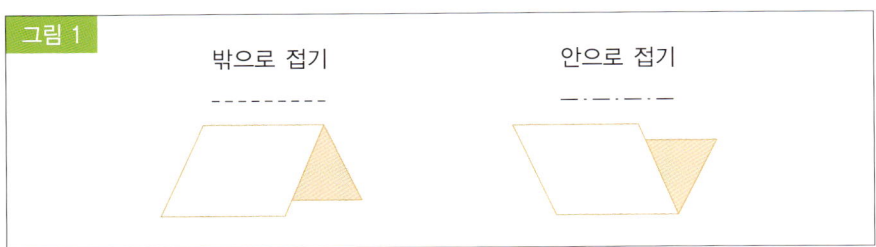

부품을 뜯어낸 후 조립하기에 앞서 앞면에 표시된 접는선을 「그림 1」과 같은 접는 방법에 따라 꼼꼼히 접어야 완벽한 모형을 만들 수 있습니다.

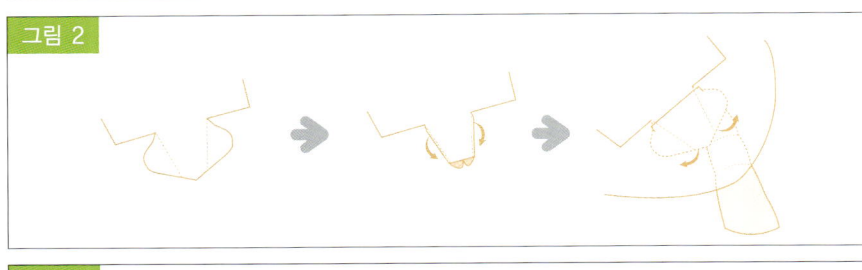

「그림 2」와 같은 모양의 끼우는 부분은 먼저 양끝을 접고 난 후 끼우는 부분에 넣고, 안쪽에서 손가락을 이용하여 접은 부분을 펴 줍니다.
만약 잘못 조립하여 이 부분을 빼고자 할때에는 반대의 방법으로 하면 됩니다.

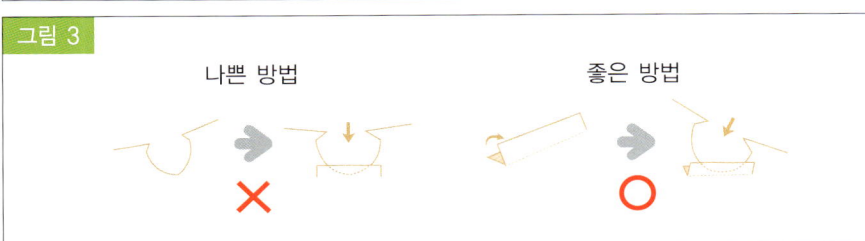

「그림 3」과 같은 모양의 끼우는 부분은 끼우는 구멍에 수평으로 꽂으면 끼우기가 어렵습니다. 쉽게 끼우기 위해서는 먼저 들어가는 쪽의 구멍을 넓혀준 후 비스듬히 기울여 넣습니다.

머리 조립 하기

1) ❶1 ~ ❶4 까지 순서대로 끼운다. ❶5 는 확대된 그림과 같이 한쪽 끝을 밀어 넣으면 쉽게 끼워진다.

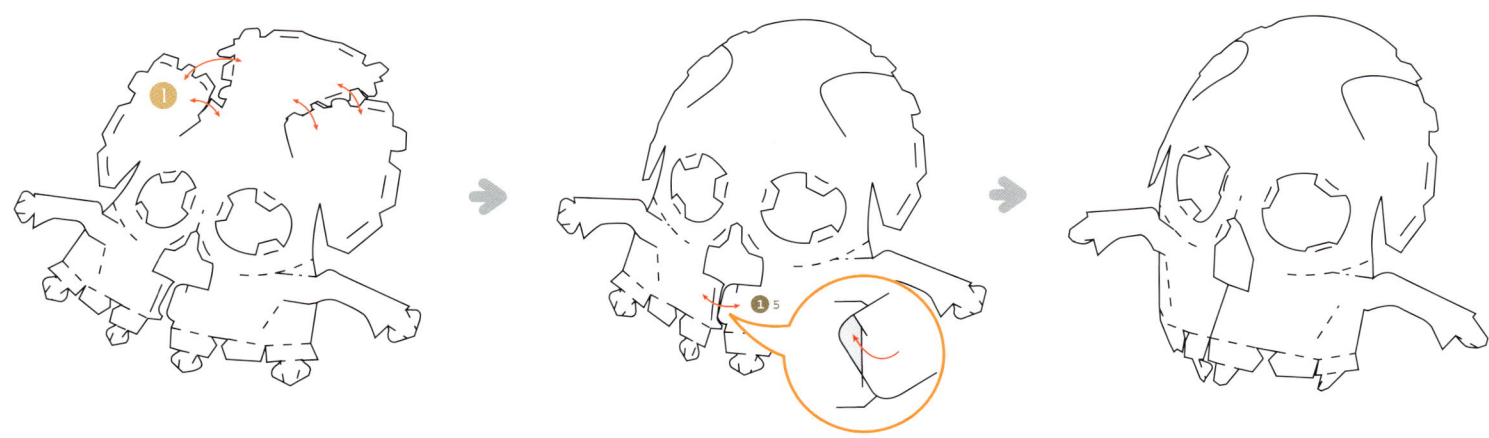

2〉 ②1 ~ ②16 까지 순서에 유의하여 끼운다.

3〉 ②17 ~ ②20 까지 순서대로 끼운다. ③부품을 확대된 그림과 같이 끼워준 후 ③3 ~ ③6 까지 순서대로 끼운다.
④1 ~ ④4 까지 순서대로 끼워 준 후 같은 방법으로 반대쪽의 ⑤1 ~ ⑤4 를 순서대로 끼운다.

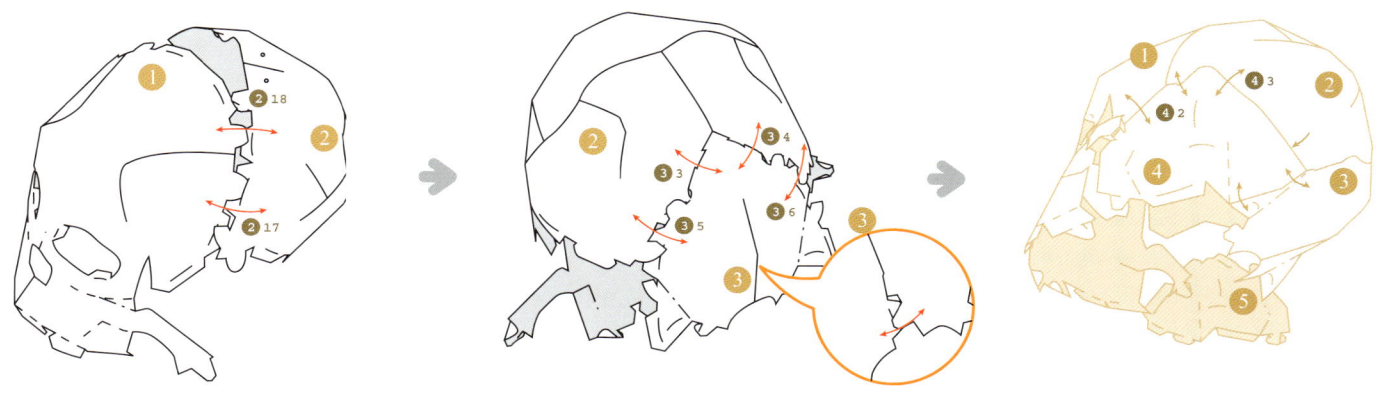

4〉 ⑥, ⑦, ⑧ 부품은 그림과 같이 ① 부품의 안쪽으로 넣어 끼우면 쉽게 조립된다.
⑨1 ~ ⑨6 까지 순서대로 끼운다.
⑨7 ~ ⑨10 까지 순서대로 끼워 준 후 ④7, ⑤7 은 그림과 같이 끼운다.

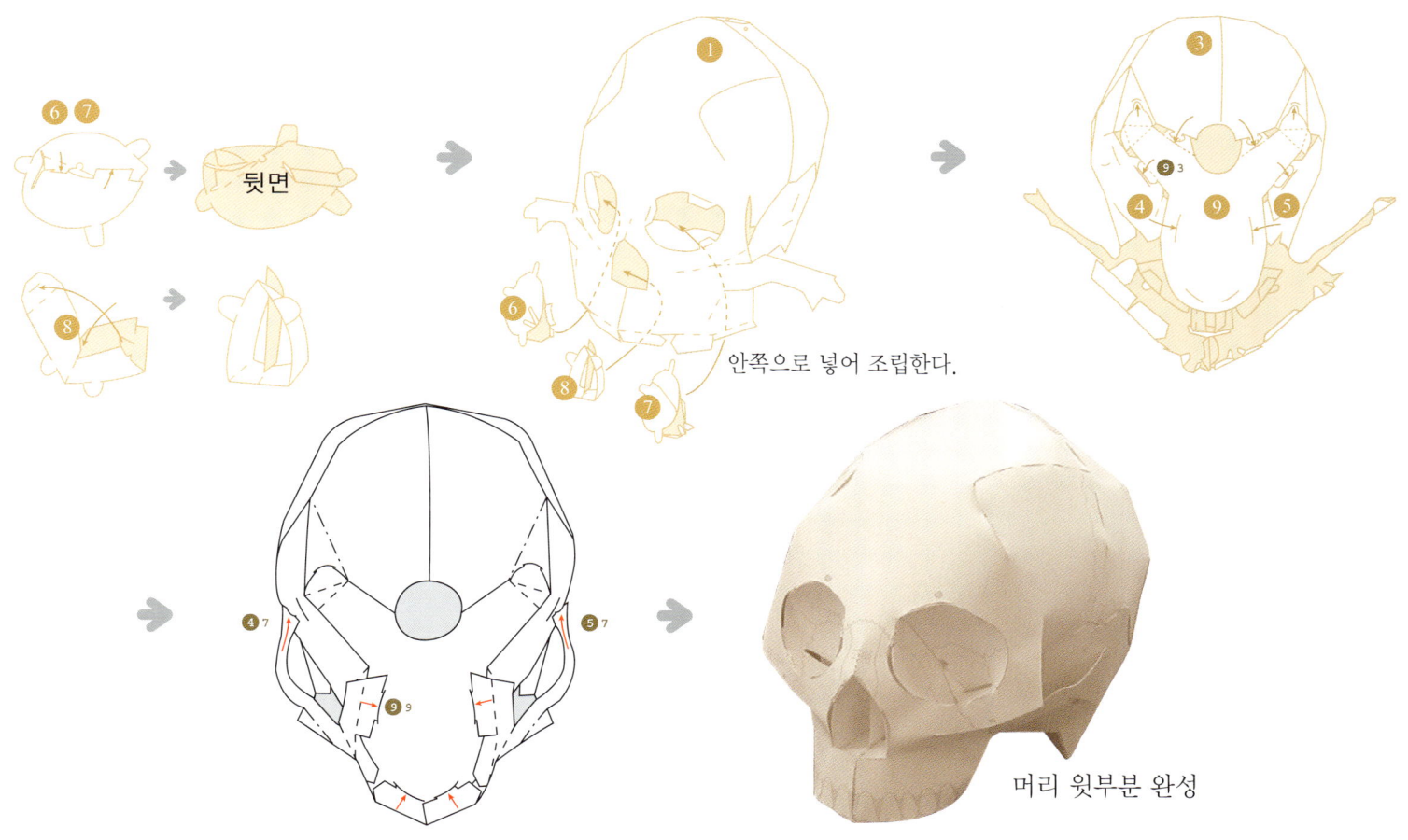

머리 윗부분 완성

5〉 ⑩ 부품을 접는 선을 따라 조심스럽게 접어 준 후 ⑩1 ~ ⑩11 까지 순서대로 끼운다.

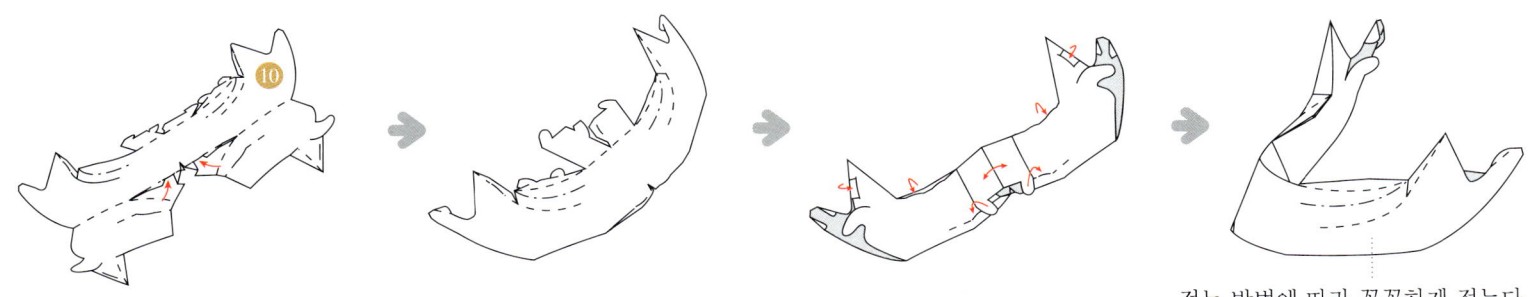

접는 방법에 따라 꼼꼼하게 접는다.

6〉 ⑩12, ⑩13 을 먼저 머리 윗부분의 ⑨3, ⑨6 을 끼웠던 곳에 다시 한번 끼워준 후 ⑩14, ⑩15 를 끼워 머리 부분을 완성한다.

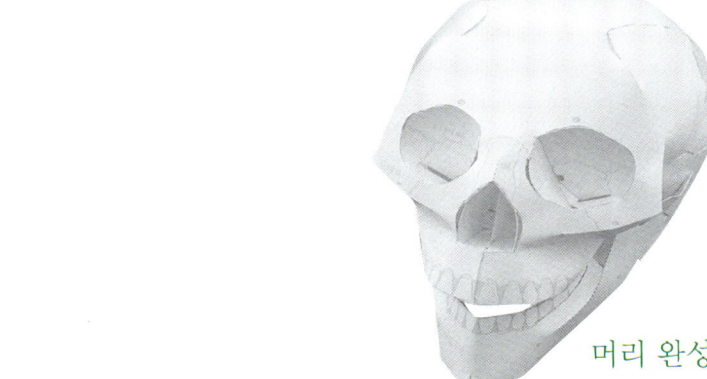

머리 완성

척추 조립 하기

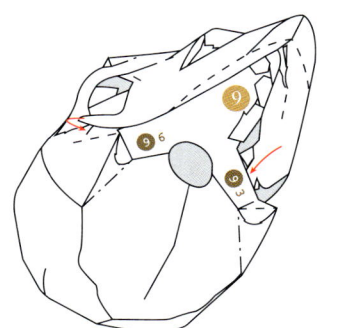

1〉 ①~㉔ 부품을 확대된 그림을 참조하여 위의그림과 같이 순서대로 끼운다.

2〉 ㉕~㉗ 부품을 위의 그림과 같이 끼운다.

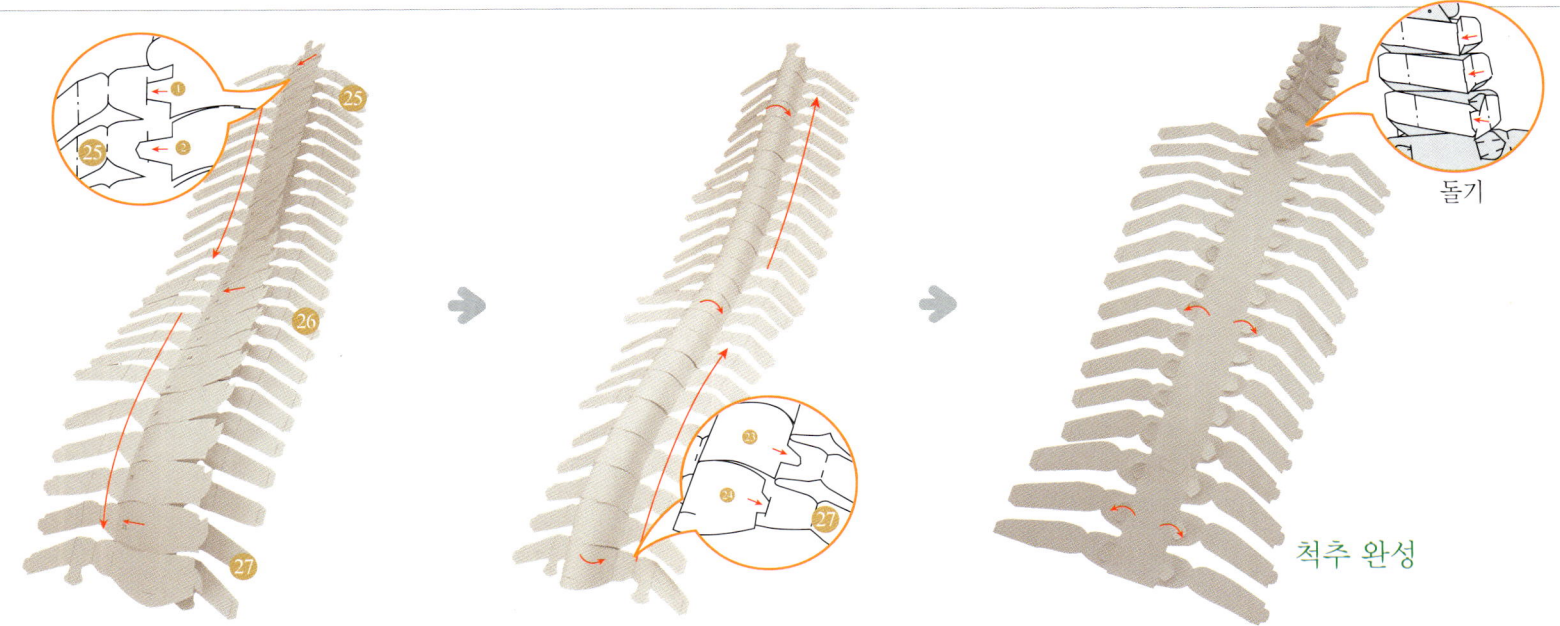

돌기

척추 완성

3〉 ①~㉔ 로 이루어진 부품을 ㉕~㉗ 부품에 왼쪽부터 순서대로 그림과 같이 위에서 아래 방향으로 끼운다.

4〉 ①~㉔ 부품의 오른쪽을 그림과 같이 아래에서 윗 방향으로 반대쪽에 끼운다.

5〉 뒷면의 고리는 양옆으로 접은 후, ㉕ 부품까지만 그림과 같이 돌기에 해당하는 부분을 접어 끼운다.

갈비뼈 조립 하기

1) 그림과 같이 ㉘, ㉙ 부품을 접어 준 후 끼워 연결한다. ㉙3, ㉙4 를 그림과 같이 끼운다. 갈비뼈를 끼운 후 뒷쪽의 돌기에 해당하는 부분은 확대된 그림을 참조하여 끼운다.

갈비뼈 부분의 부품을 모두 삼각형모양으로 꼼꼼히 접는다.

㉙4 을 그림처럼 끼워 준다.

㉙3 을 그림처럼 끼워 준다.

2) ㉙3, ㉙4 와 같은 방법으로 남은부분을 끼운 후 ㉚, ㉛ 부품을 그림과 같이 끼운다. ㉝ 부품을 ㉛ 부품에 끼운다. ㉜ 부품도 ㉝ 부품과 같은 방법으로 끼운 후 갈비뼈의 끝부분을 ㉙3, ㉙4 와 같이 끼운다. 돌기를 끼워 마무리 한다.

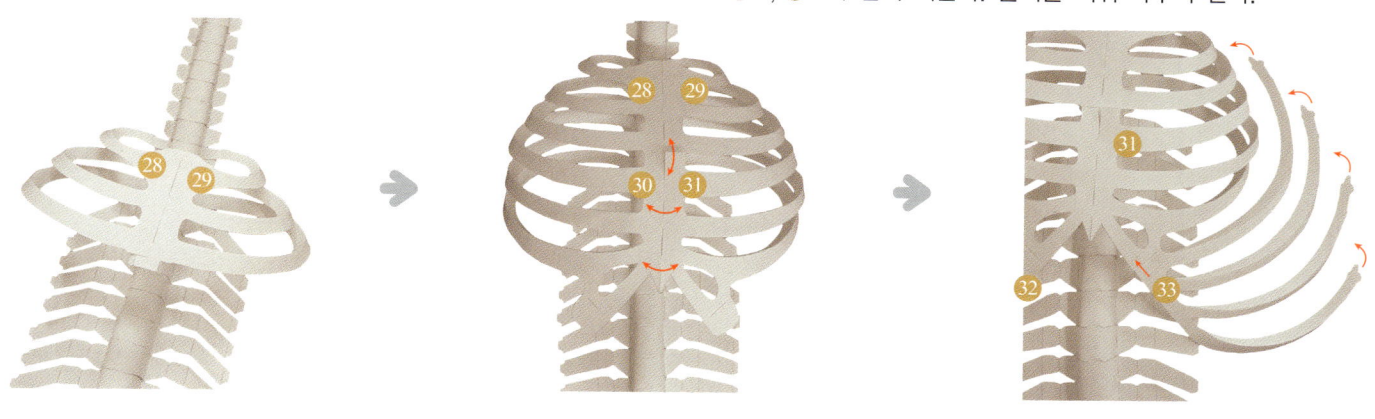

3) 남은 갈비뼈 ㉞~㉟도 같은 방법으로 끼운다. ㊳ 부품의 아래쪽 끝을 완성된 갈비의 뾰족한 부분에걸어 끼운 후 윗쪽 부분도 그림과 같이 갈비 안쪽에서 걸어 끼워 갈비뼈를 완성한다.

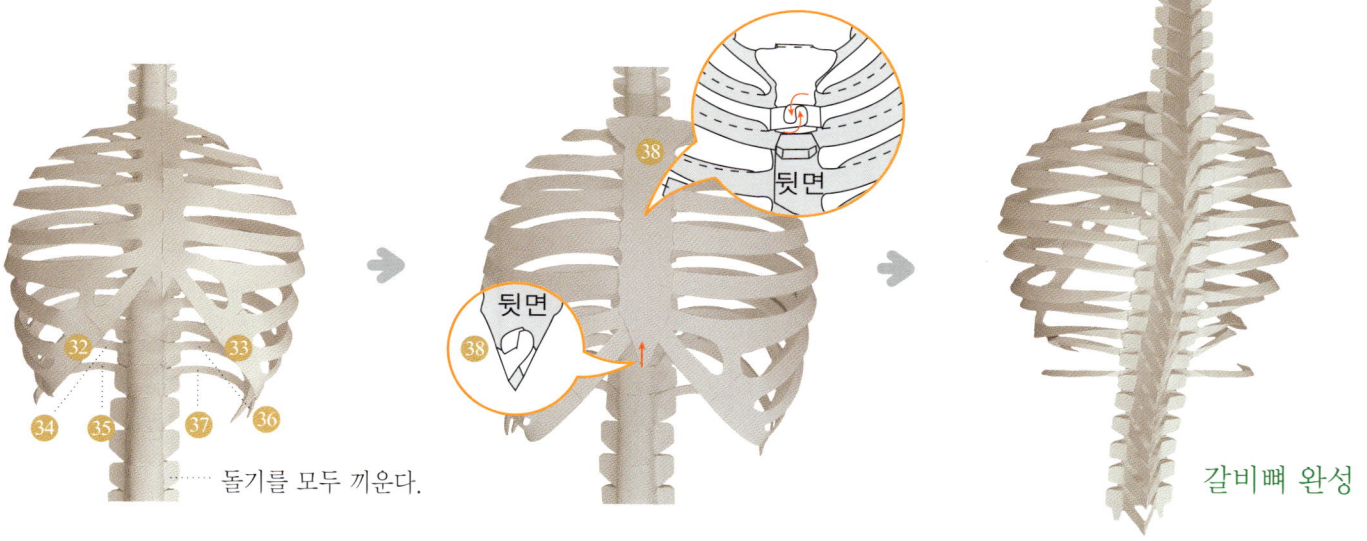

돌기를 모두 끼운다.

갈비뼈 완성

어깨뼈 조립 하기

1) ㊴1~㊴3 까지 그림과 같이 끼운다. ㊴5~㊴6 을 확대된 그림과 같이 갈비뼈와 연결시킨다. 또한 ㊵ 부품도 같은 방법으로 끼워 그림과 같이 조립한다.

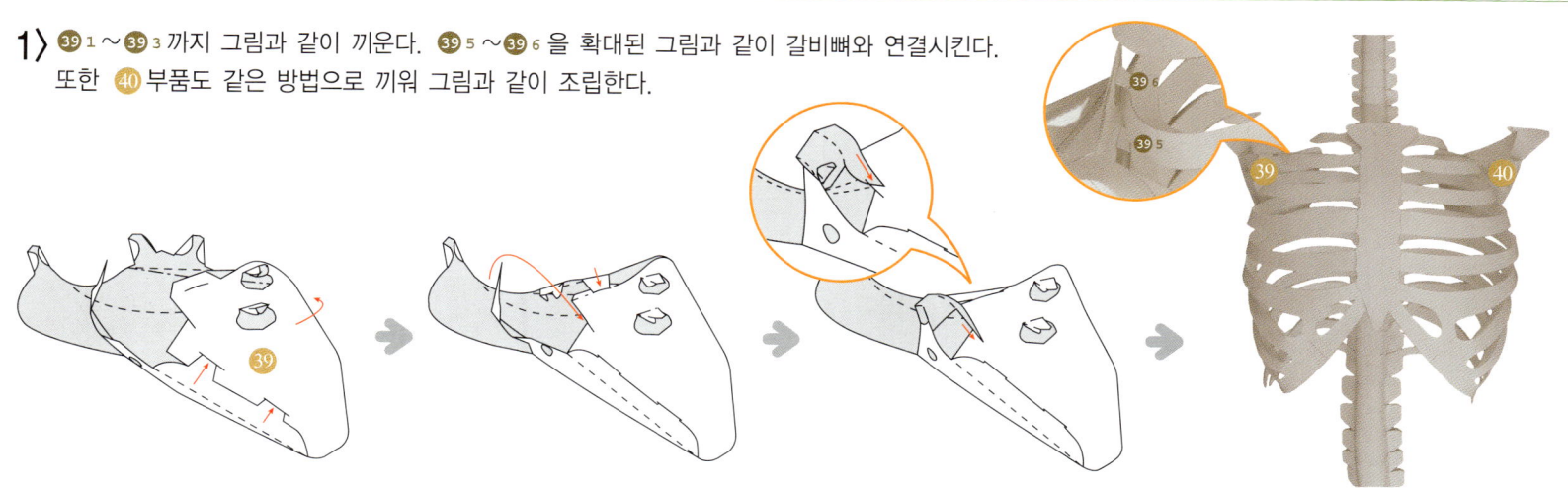

2) ㊶1~㊶4를 순서대로 끼운다.
㊶5를 먼저 끼운 후 ㊴7을 끼운다. ㊷부품도 같은 방법으로 끼워 어깨뼈를 완성한다.

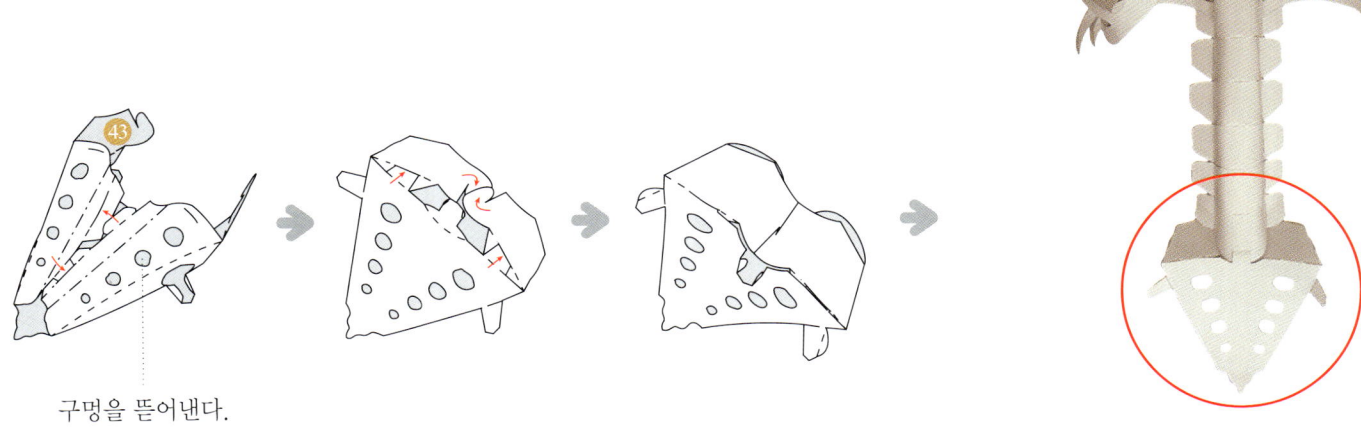

어깨뼈 완성

골반 조립 하기

1) ㊸1~㊸3 까지 순서대로 끼워 ㊸부품을 조립한 후 ㊸4~㊸6 을 끼워 이미 완성된 척추와
연결하여 조립한다.

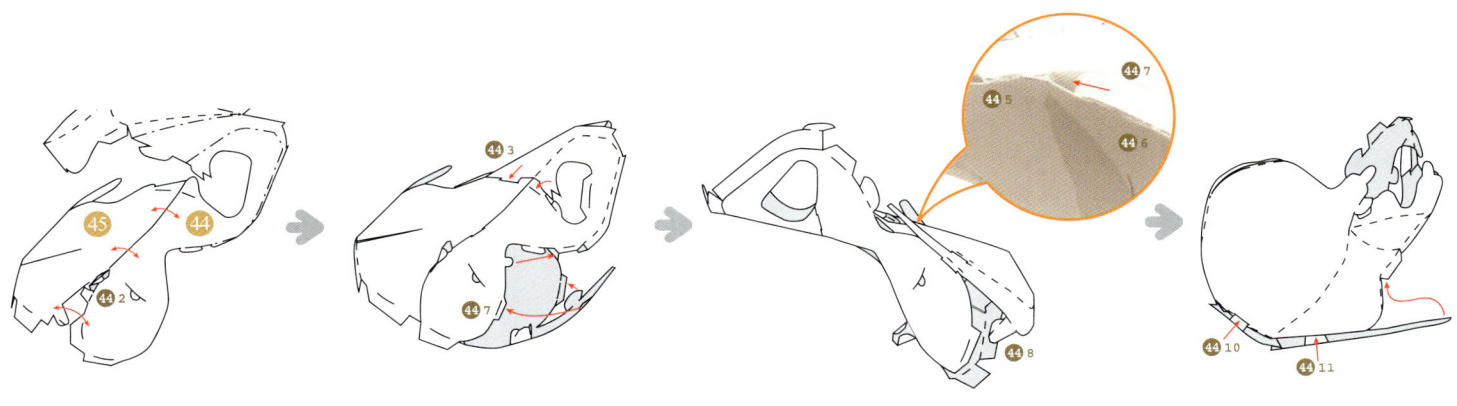

구멍을 뜯어낸다.

2) ㊹1~㊹7 까지 순서대로 끼운다. 특히 ㊹6 ,㊹7 을 끼운 후 길게 남겨진 부분은 확대된 그림과 같이 밀어 넣는다.
㊹8 ,㊹9 을 순서대로 끼운다. ㊹10 ~㊹12 까지 순서대로 끼우고 길게 늘어진 부분은 안쪽으로 밀어 넣는다.

3) ㊹13 ~㊹23 을 순서대로 끼운 후 왼쪽 골반 부분도 같은 방법으로 끼워 조립한다.

반으로 접어 끼운다.

안쪽면

바깥쪽면

4) ㊸7 ~ ㊸10 을 순서대로 끼워 골반을 완성한다. 특히 ㊸7 을 확대된 그림과 같이 반정도만 끼운 후 ㊸8 을 끼우면 조립이 쉽다.
㊿ 부품을 골반 사이에 끼워 넣으면 골반은 완성된다.

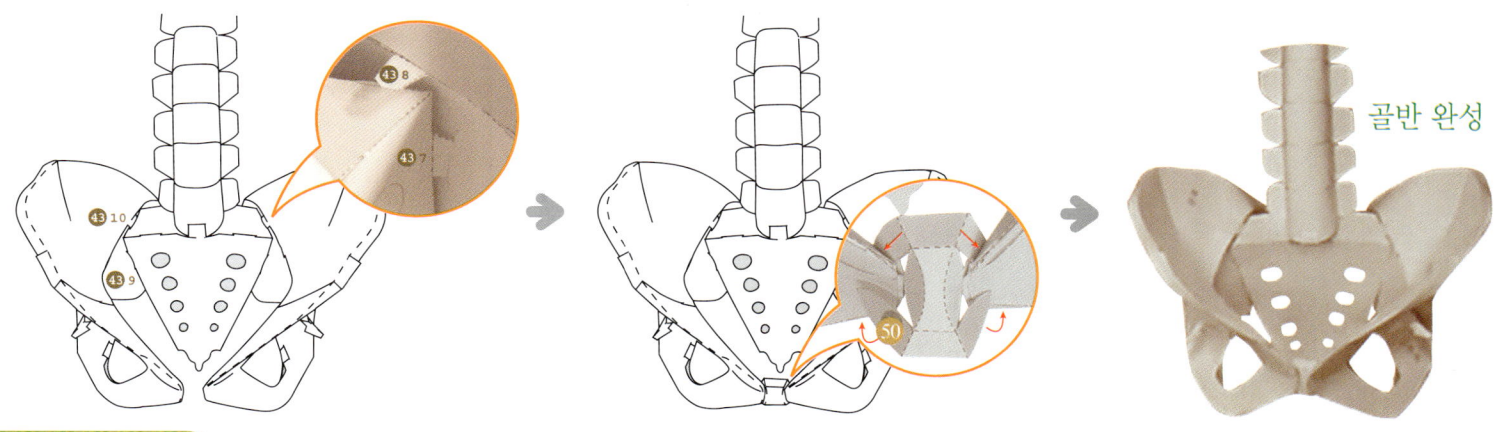

골반 완성

팔 조립 하기

1) ❶1 ~ ❶3 을 순서대로 끼운 후 양옆의 고리를 끼워 조립한다.

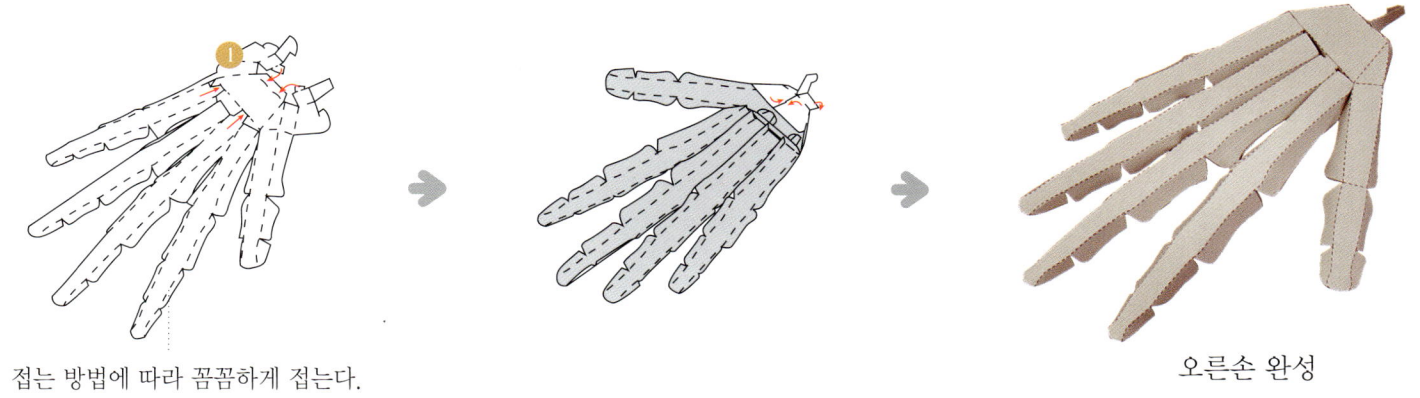

접는 방법에 따라 꼼꼼하게 접는다.

오른손 완성

2) ❷1 ~ ❷3 까지 순서대로 끼운 후 끝부분은 그림과 같이 접어준 후 ❷4, ❷5 를 순서대로 끼운다.
❸1 ~ ❸6 을 그림과 같이 순서대로 끼운다. 특히 ❸4 는 반으로 접어 끼운고 완성된 ❶, ❷, ❸ 부품을 그림과 같이 끼워 조립한다.

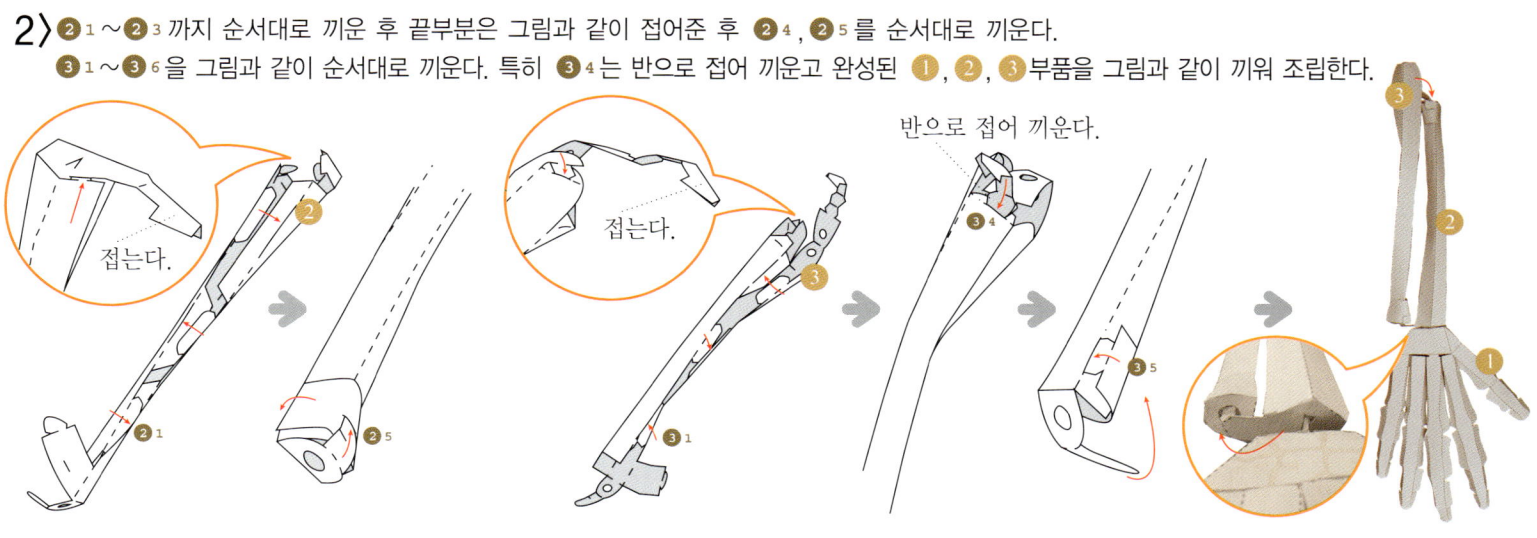

접는다.   접는다.   반으로 접어 끼운다.

3) ❹1 ~ ❹5 까지 그림과 같이 순서대로 끼운다.

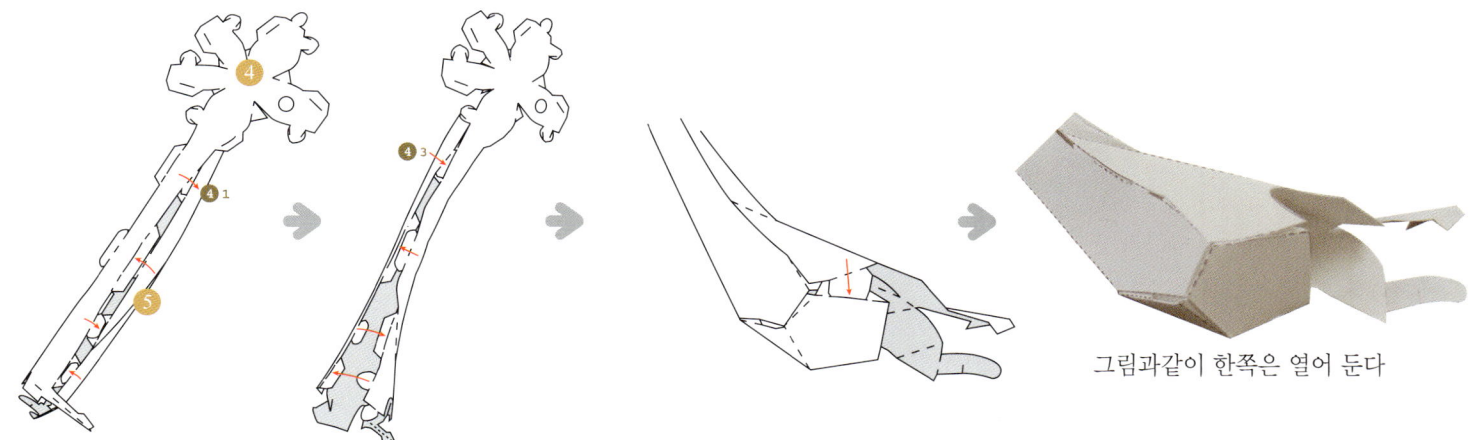

그림과같이 한쪽은 열어 둔다

4〉 ❺부품의 한쪽 끝을 ❹부품의 구멍으로 끄집어 낸 후 ❹6 ~ ❹11 을 순서대로 끼운다.

5〉 ❸부품의 윗부분 구멍에 그림을 참조하여 끼운 후 확대된 그림과 같이 안쪽으로 밀어 넣는다.
❹12 를 끼워 오른쪽 팔을 완성한다. 같은 방법으로 왼쪽 팔도 완성한다.

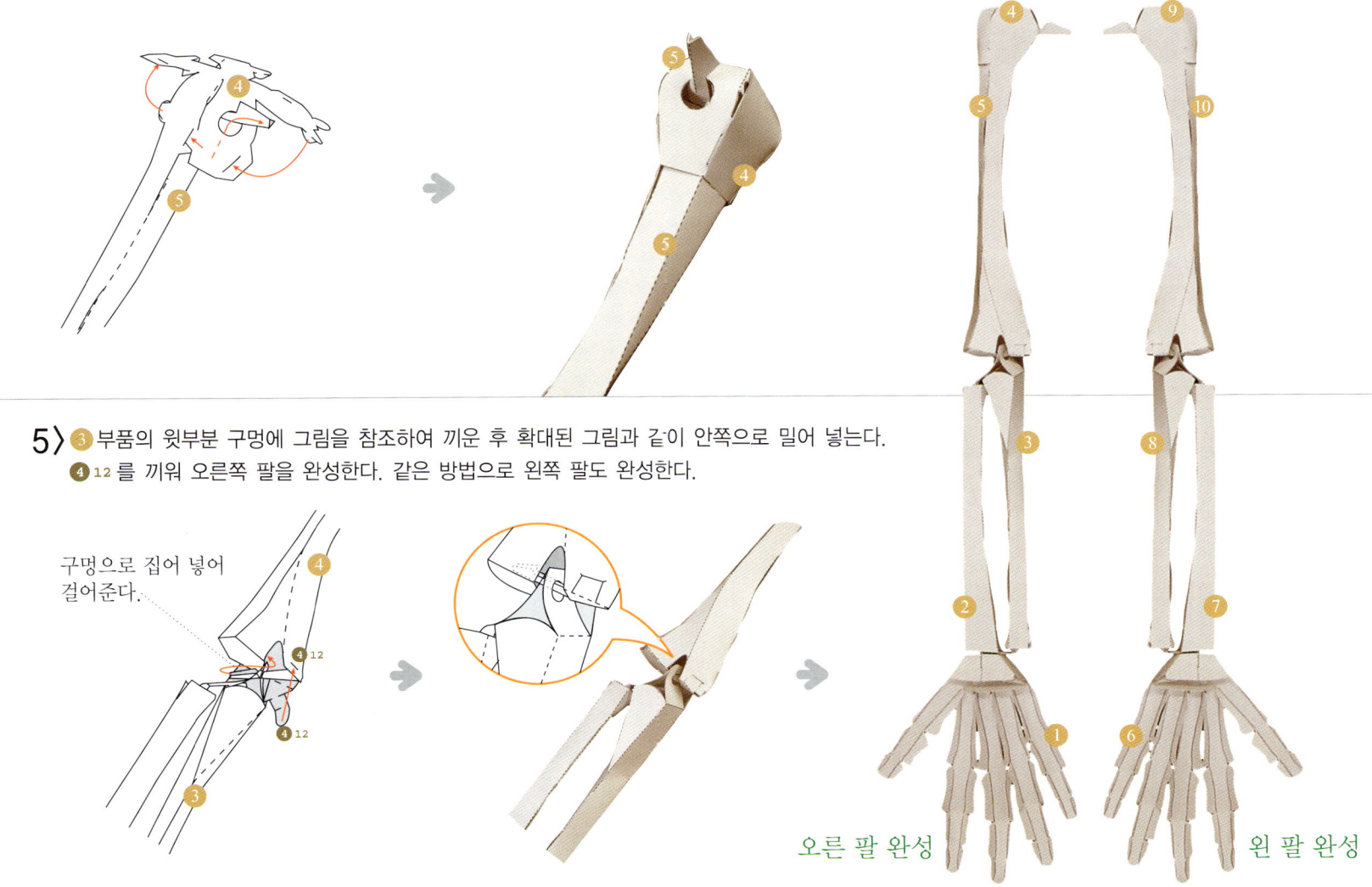

오른 팔 완성   왼 팔 완성

다리 조립 하기

1〉 ❶1 ~ ❶7 을 그림처럼 순서대로 끼운다.

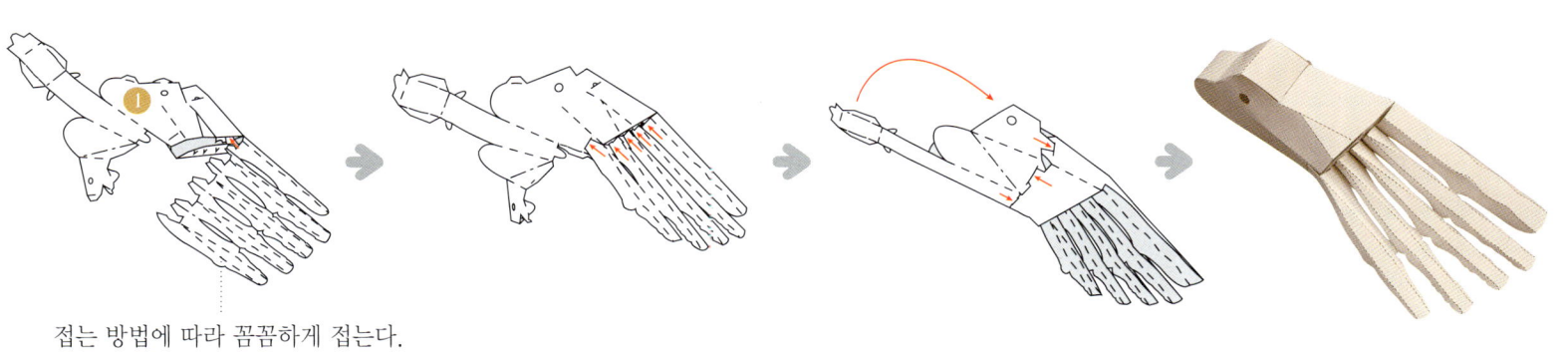

접는 방법에 따라 꼼꼼하게 접는다.

2〉 ❷1 ~ ❷8 을 그림과 같이 순서대로 끼운다. 걸이 부분은 확대된그림과 같이 반으로 접어 틈에 끼워 넣는다.

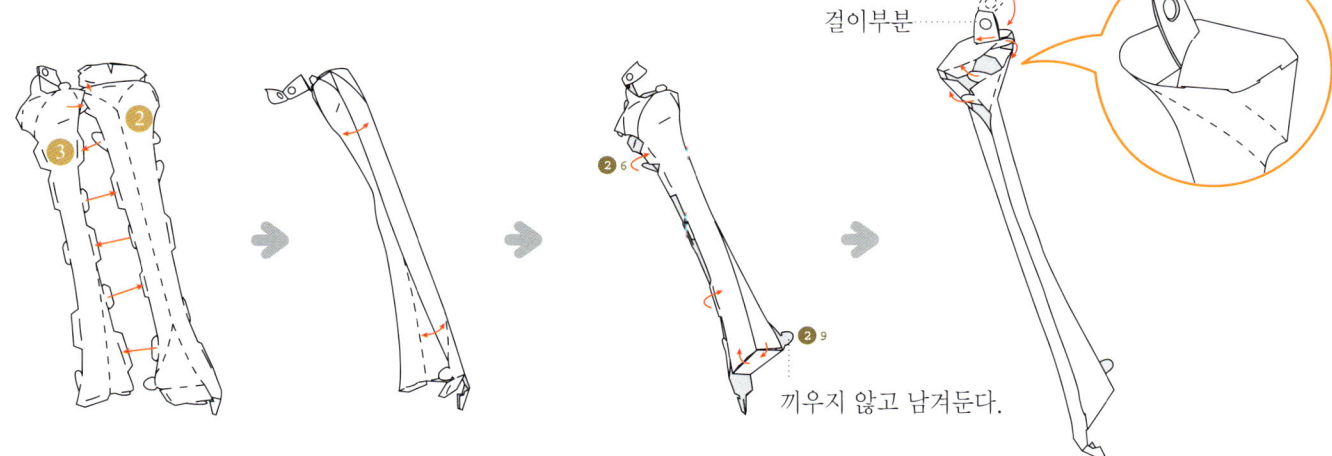

걸이부분

끼우지 않고 남겨둔다.

3〉 ④1〜④5 까지 그림과 같이 순서대로 끼운다. ④6 을 ③ 부품에 그림과 같이 끼워 연결한다.

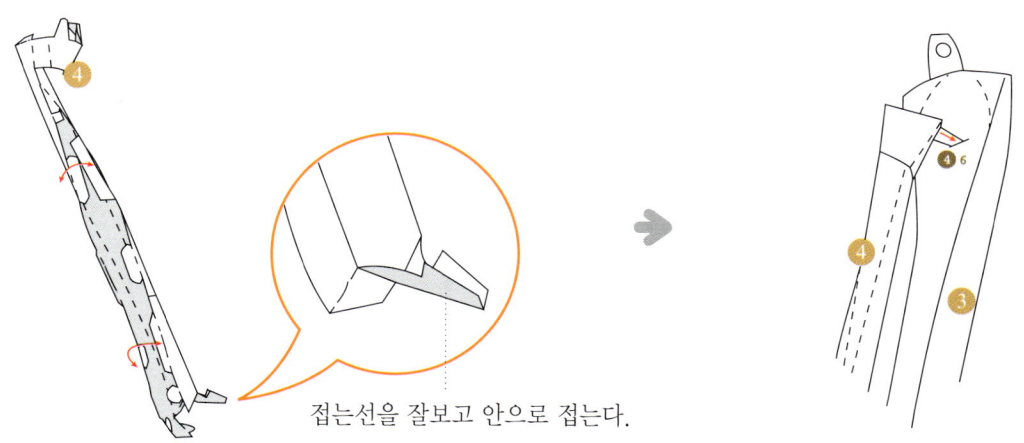

접는선을 잘보고 안으로 접는다.

4〉 ②9 를 ④부품에 그림과 같이 끼운 후 이미 완성된 ①부품(발)과 그림과 같이 조립한다.

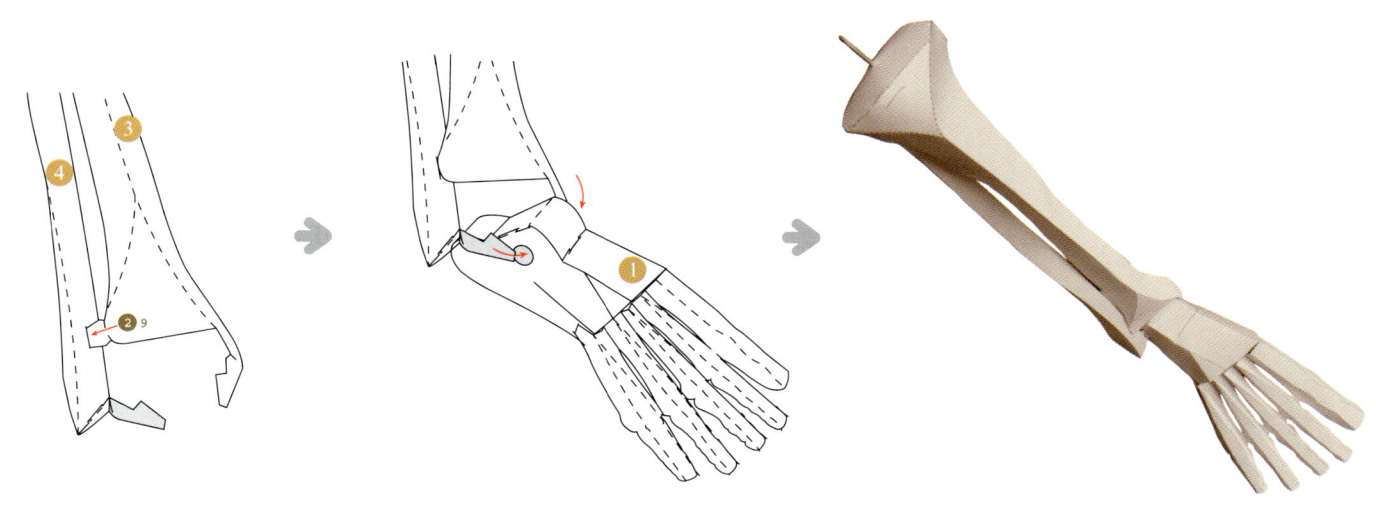

5〉 ⑤1〜⑤6 까지 그림과 같이 순서대로 끼운다. ⑤7〜⑤8 을 그림과 같이 순서대로 끼운다.

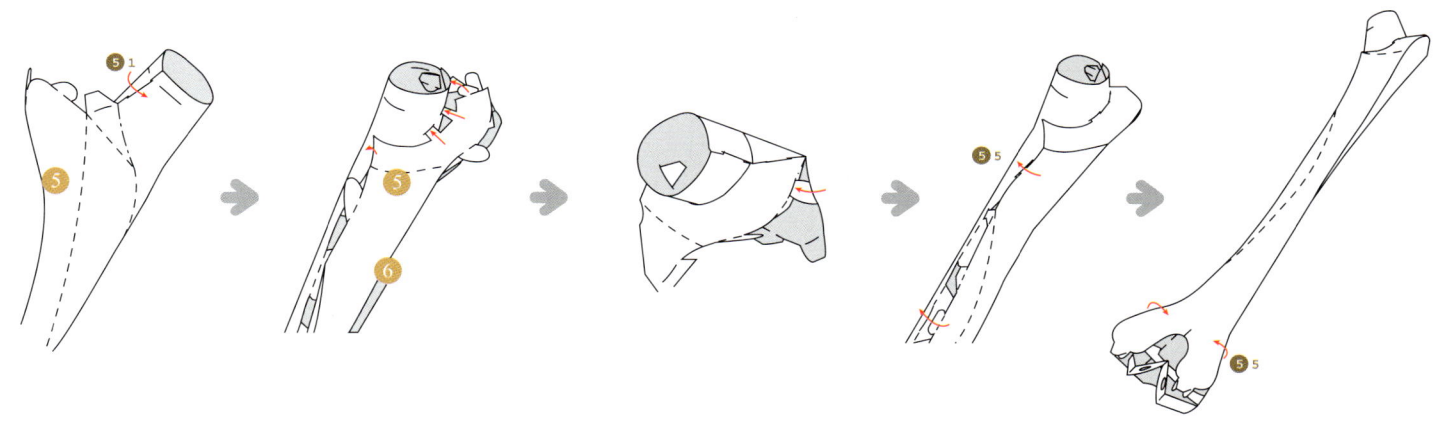

6〉 확대된 그림과 같이 이미 완성된 다리 하단부의 걸이 부분에 ⑤ 부품을 집어 넣는다.
⑤9, ⑤10 을 순서대로 끼운다. ⑦ 부품의 ⑦1 과 같이 옆의 부분을 끼워 완성한 후 ⑦2〜⑦4 를 ⑤ 부품에 끼운다.

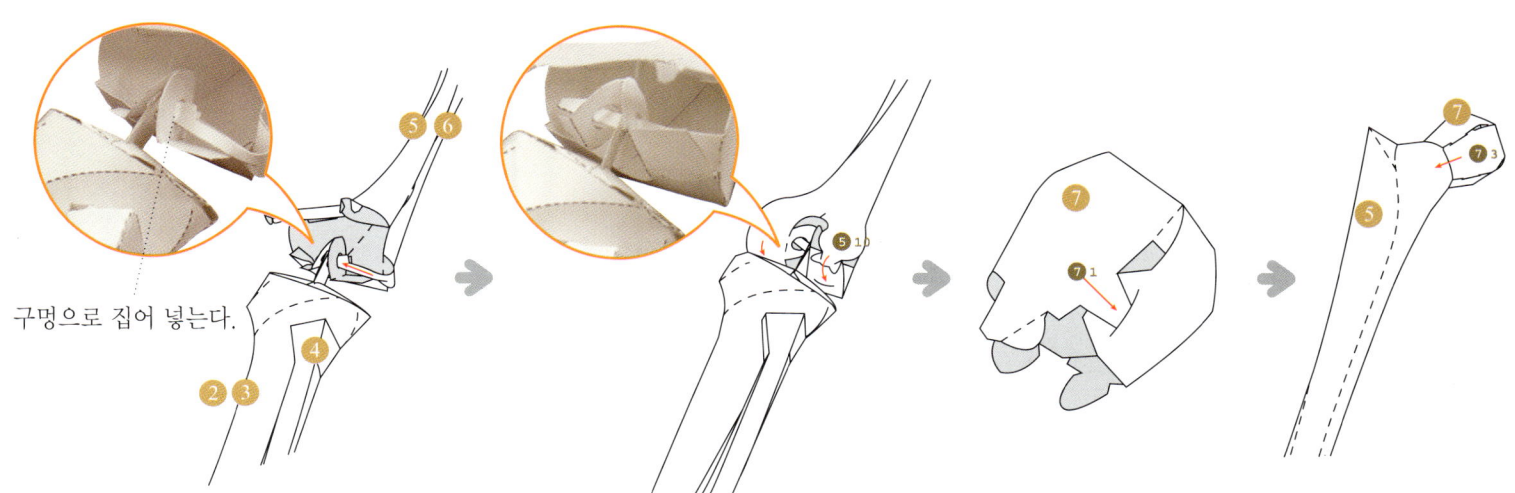

구멍으로 집어 넣는다.

23

7) ⑧1~⑧3까지 순서대로 끼운다. ⑧4, ⑧5를 그림과 같이 끼워 오른쪽 다리를 완성한다. 같은 방법으로 왼쪽 다리도 완성한다.

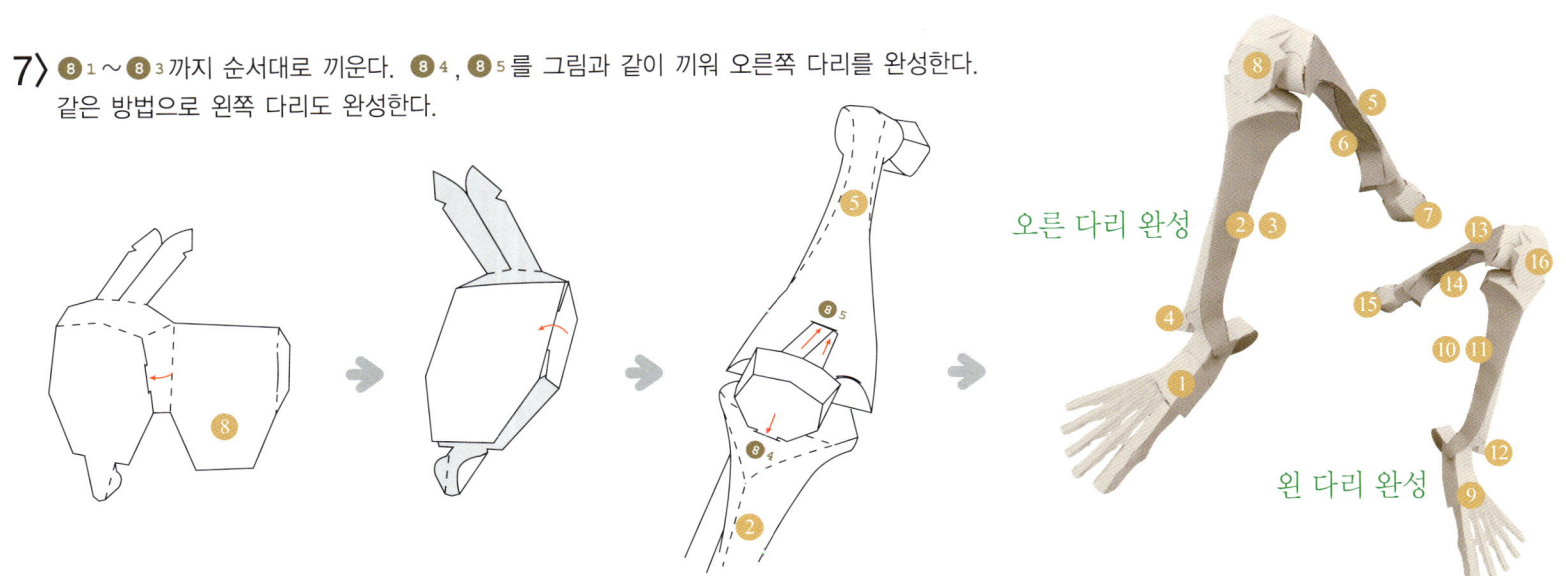

오른 다리 완성
왼 다리 완성

3차원 인체모형 완성 하기

1) 마루뼈 부분의 2개의 구멍으로 실을 넣어 ㉕에 묶고 머리를 내려 ①부품에 끼운다. 어깨뼈에 있는 구멍에도 실을 넣어 그림과 같이 걸이판과 연결한다.

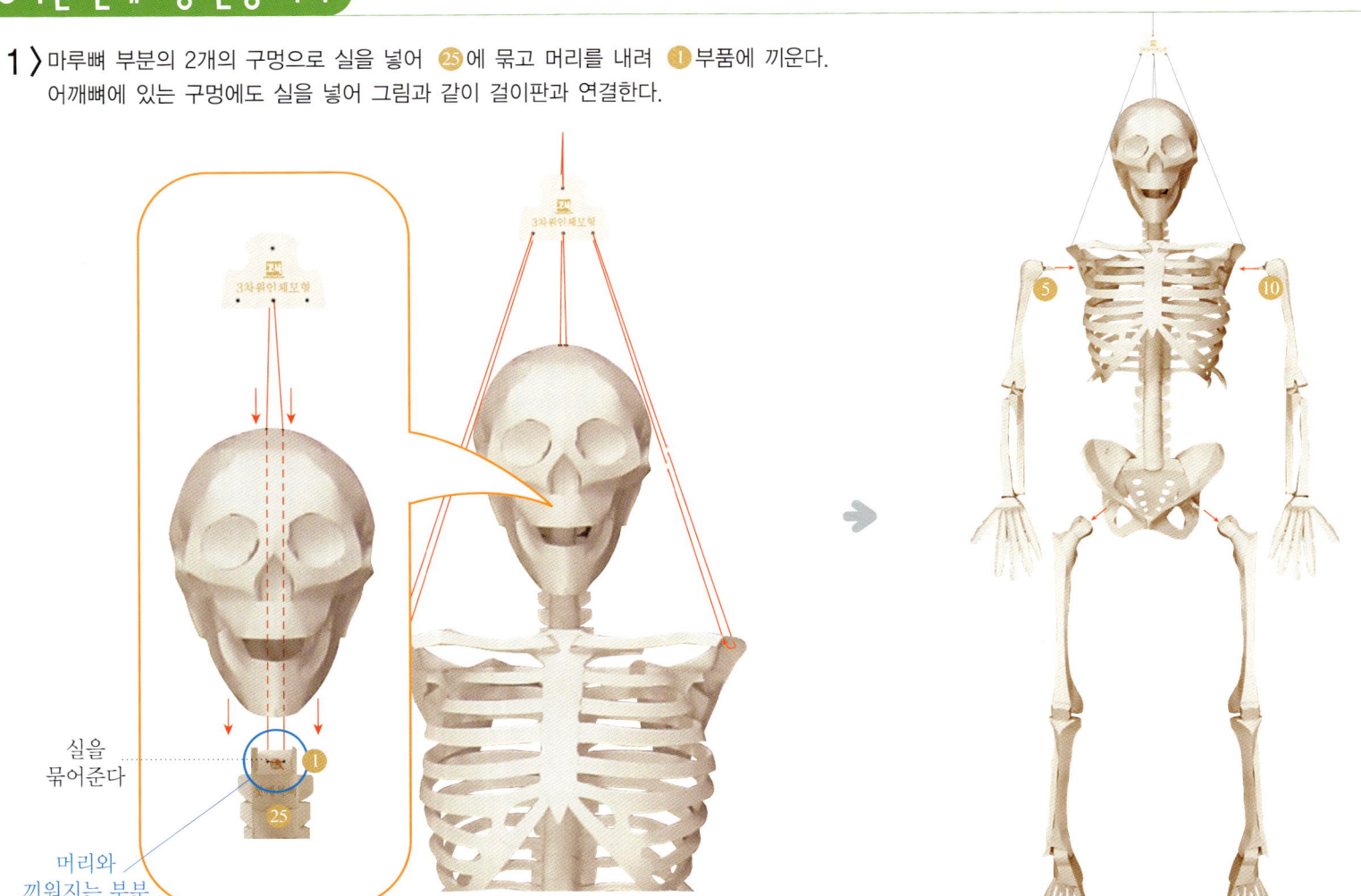

실을 묶어준다
머리와 끼워지는 부분

2) 완성된 팔다리를 좌우에 유의하여 그림과 같이 끼우면 3차원 인체모형은 완성된다.

➡ 3차원 인체모형의 관절은 실제의 인체 관절과 똑같이 움직임이므로 여러가지 모습으로 연출이 가능하다.

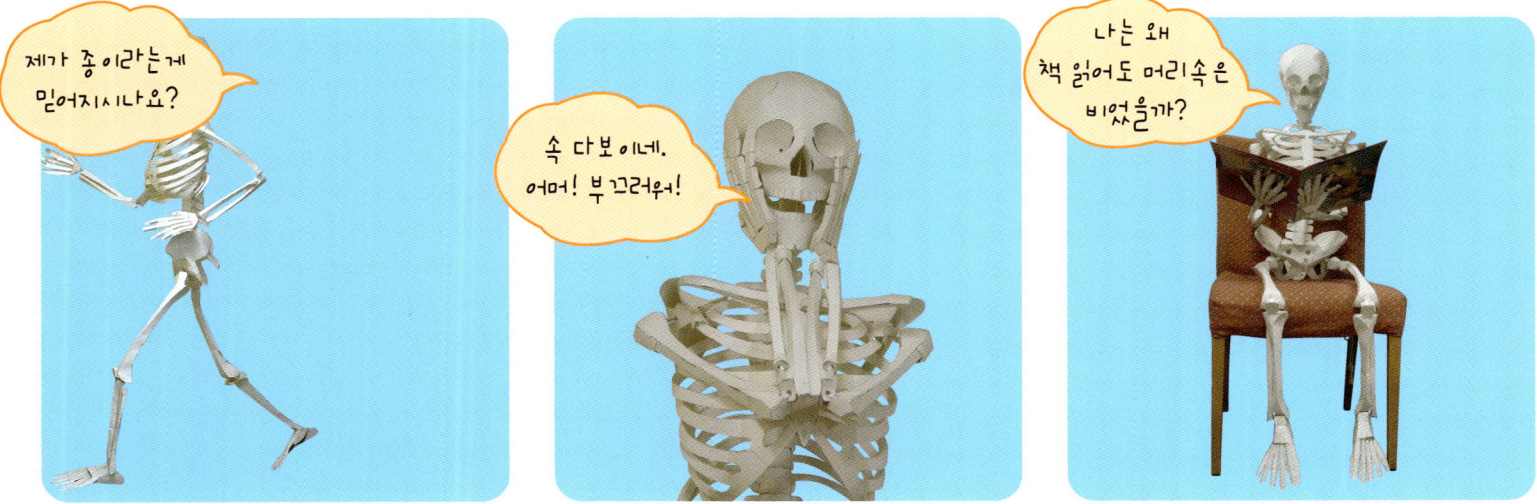

머리 ①

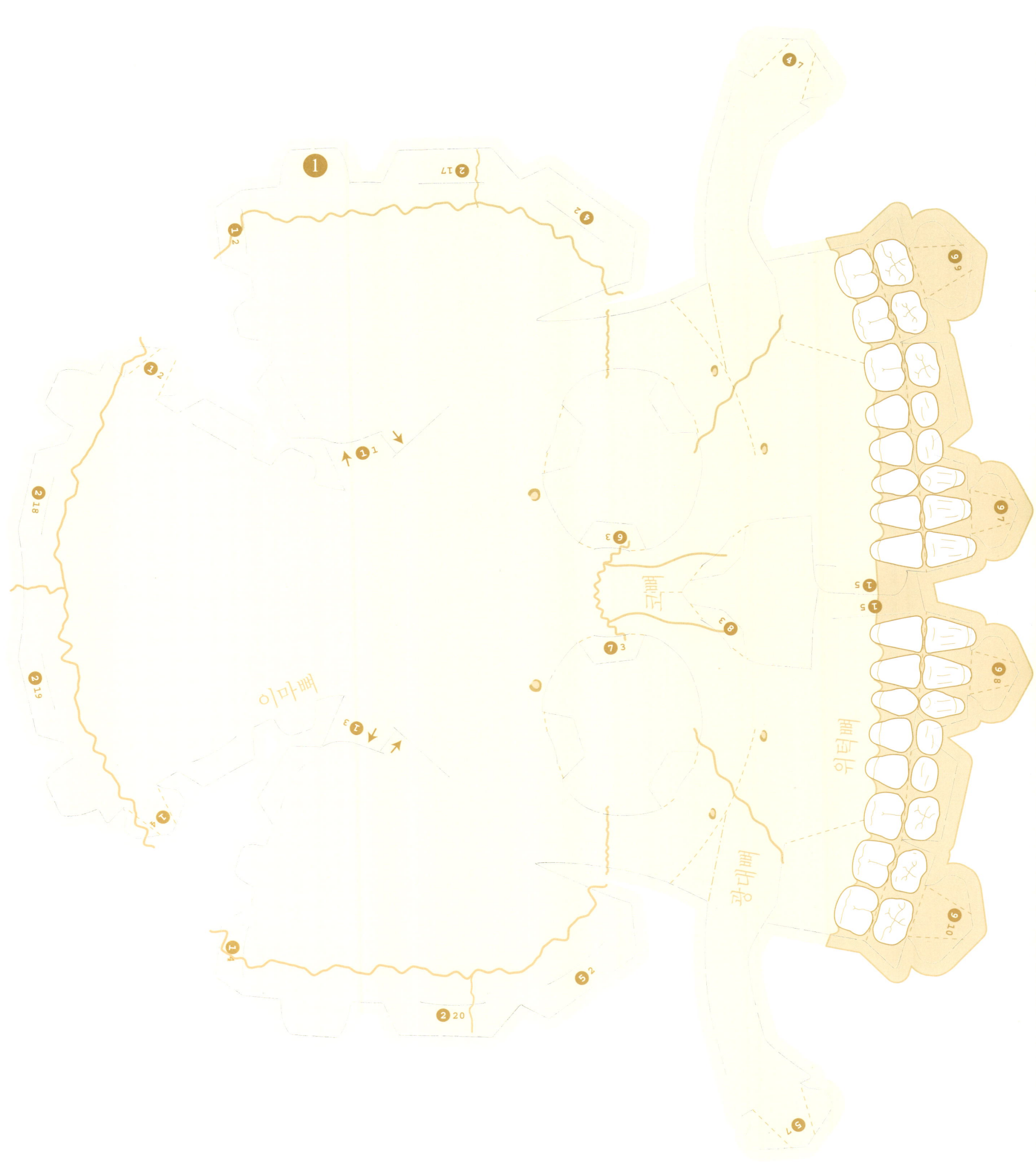

● 주의
------------ 밖으로 접기
-·-·-·-·-·- 안으로 접기

머리 ②

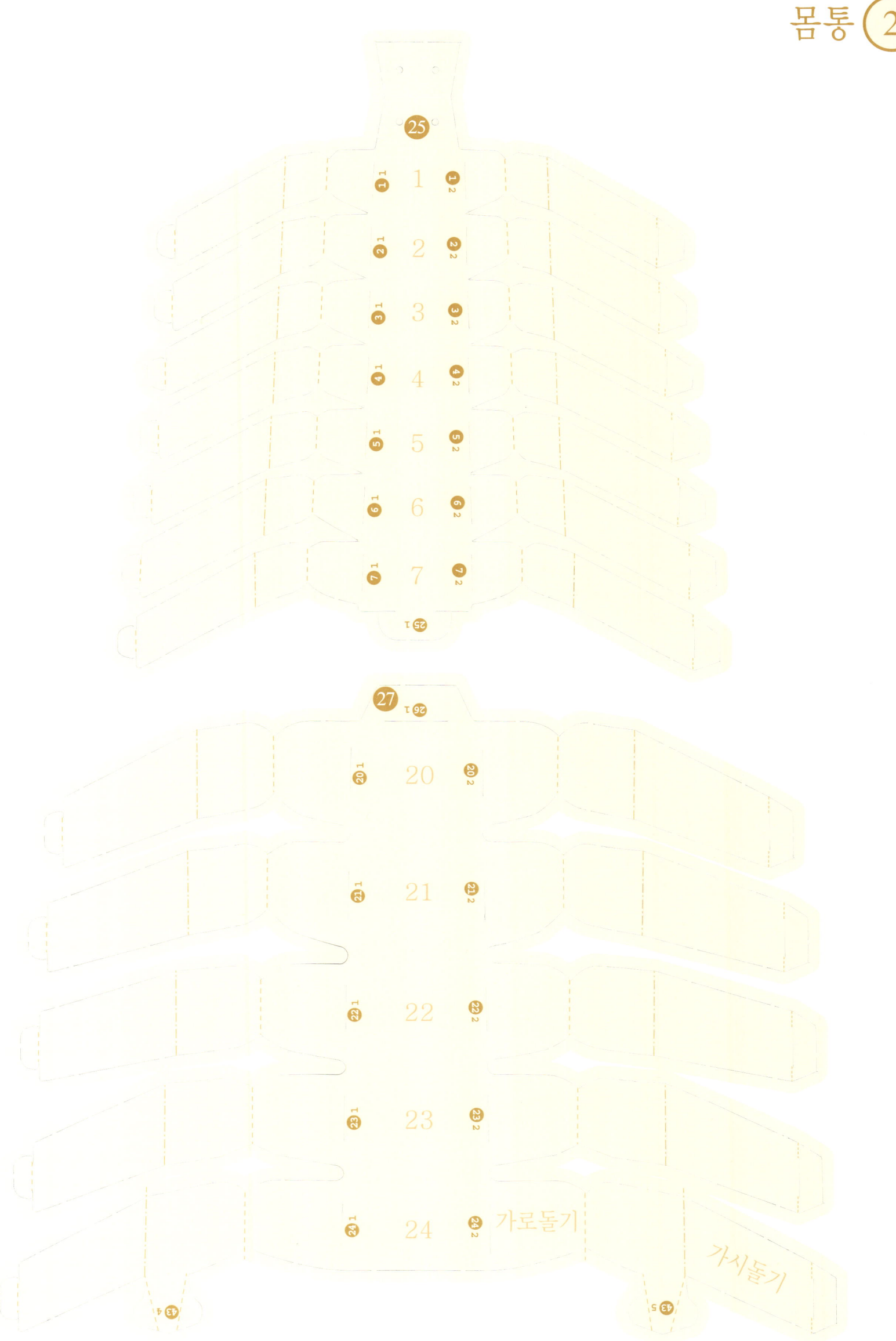

몸통 ③

● 주의

------------ 밖으로 접기
—-—-—-— 안으로 접기

몸통 ④

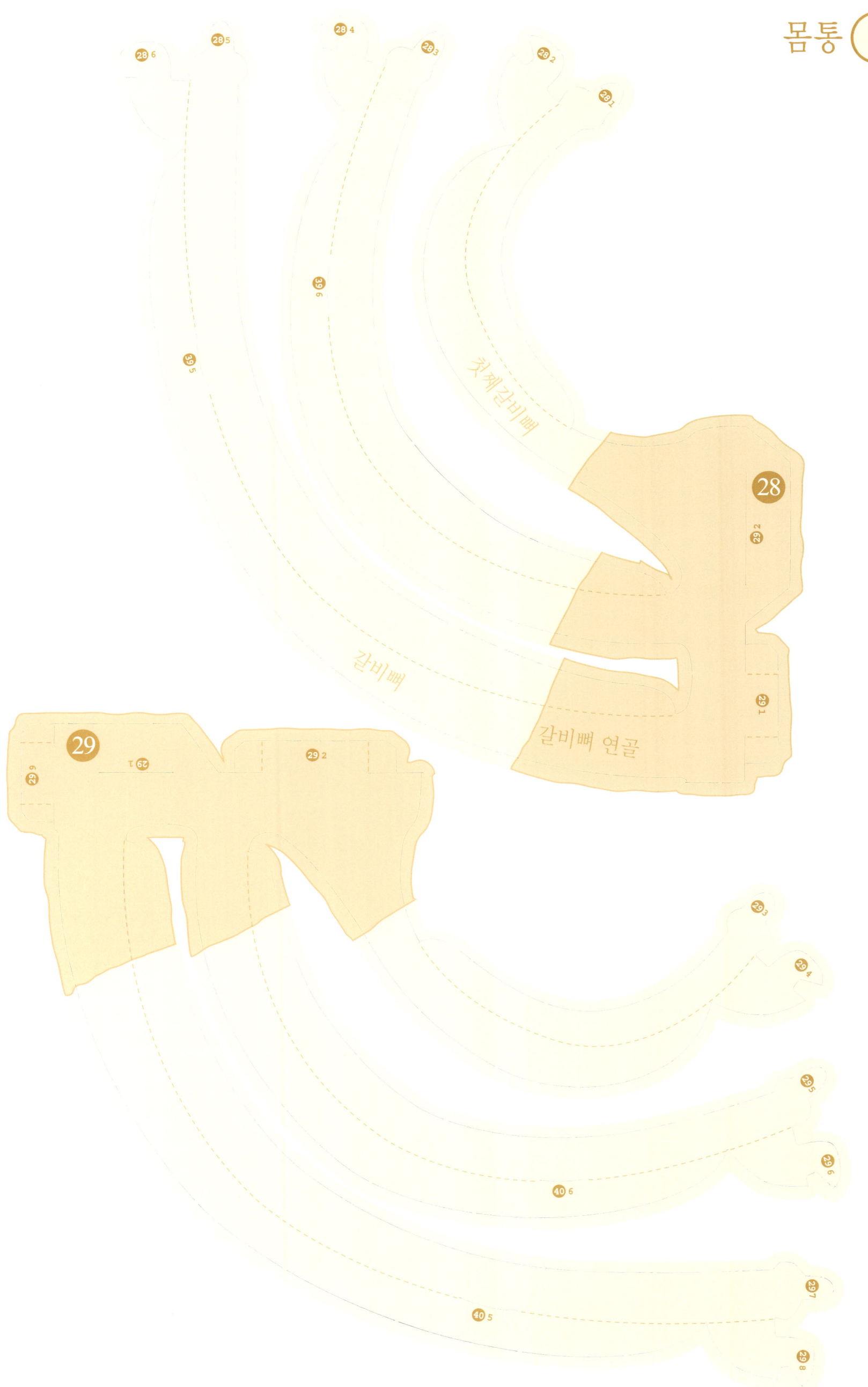

몸통 ⑤

몸통 ⑥

몸통 ⑧

몸통 ⑨

몸통 ⑪

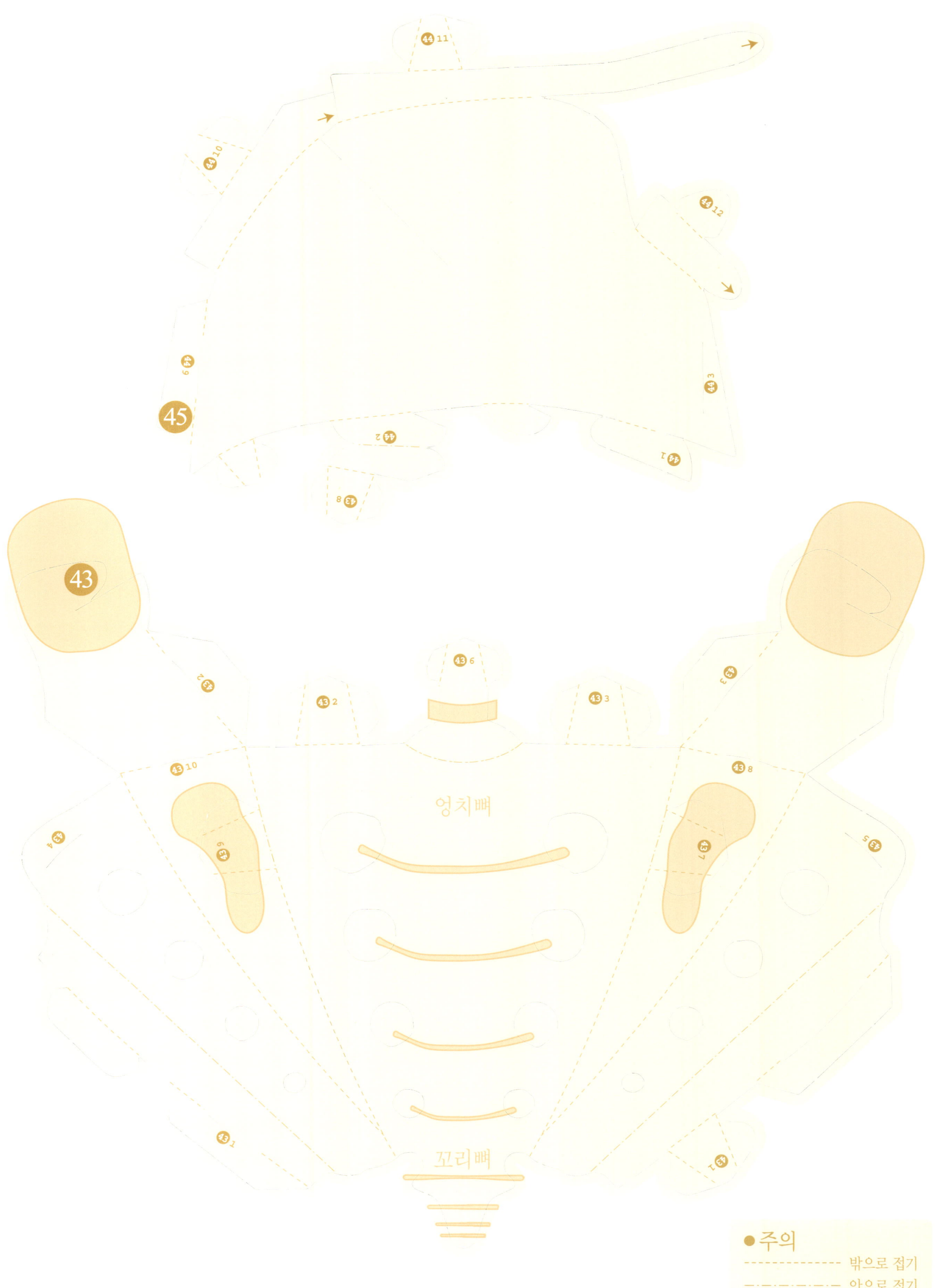

● 주의
------- 밖으로 접기
-·-·-·- 안으로 접기

몸통 ⑫

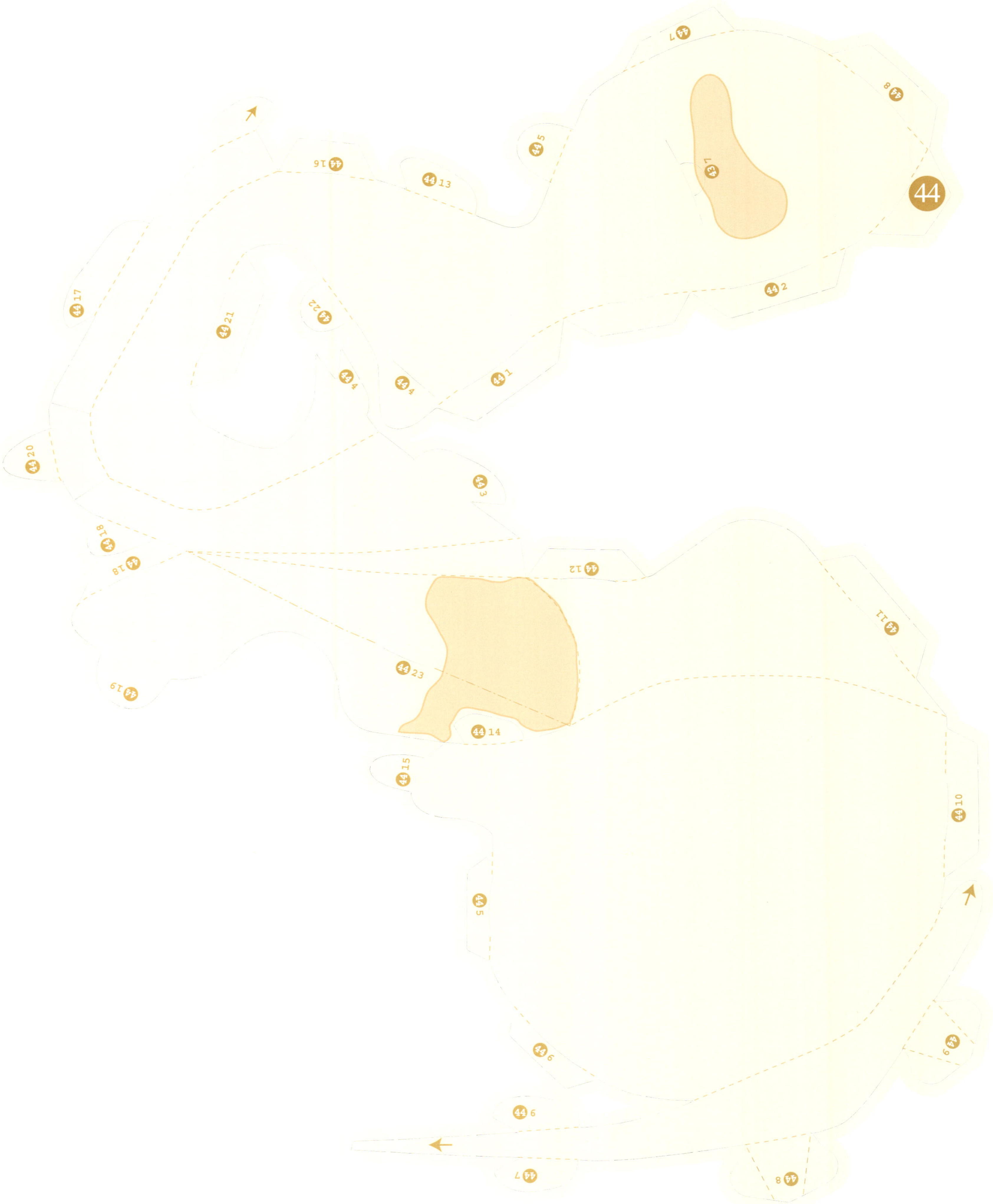

�44

몸통 ⑬

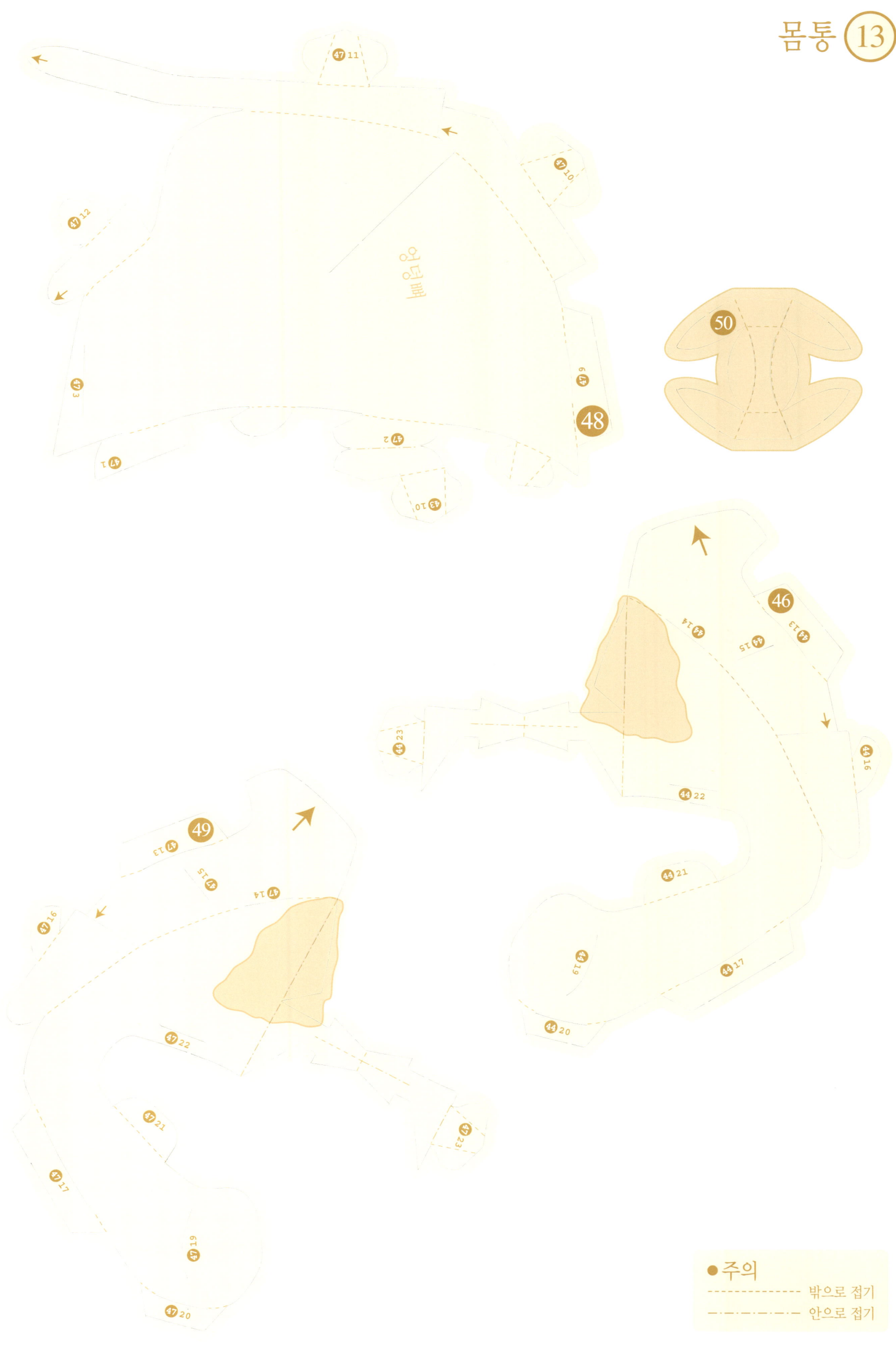

● 주의
------------- 밖으로 접기
-·-·-·-·-·- 안으로 접기

몸통 ⑭

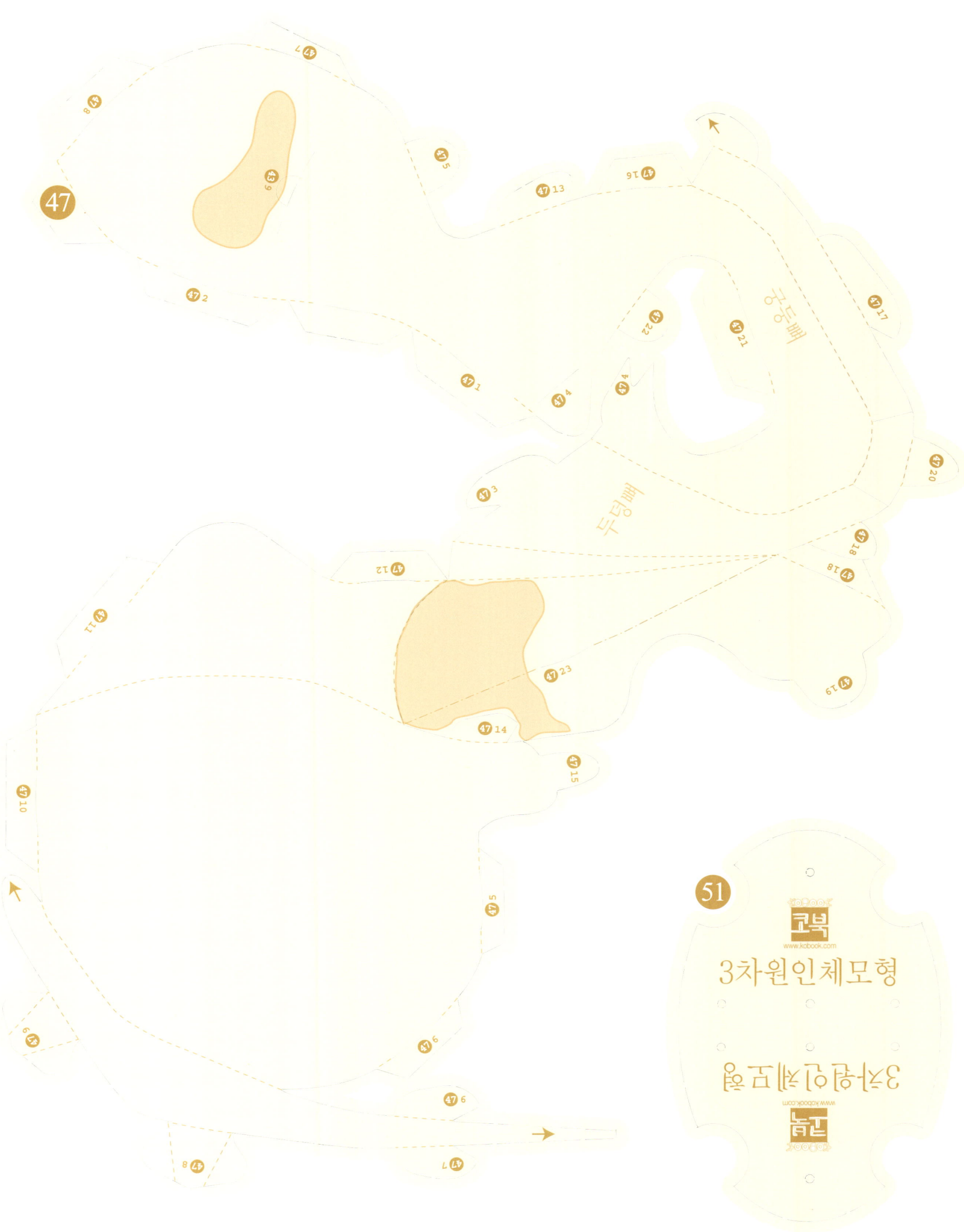

팔 ①

● 주의
------------- 밖으로 접기
─·─·─·─ 안으로 접기

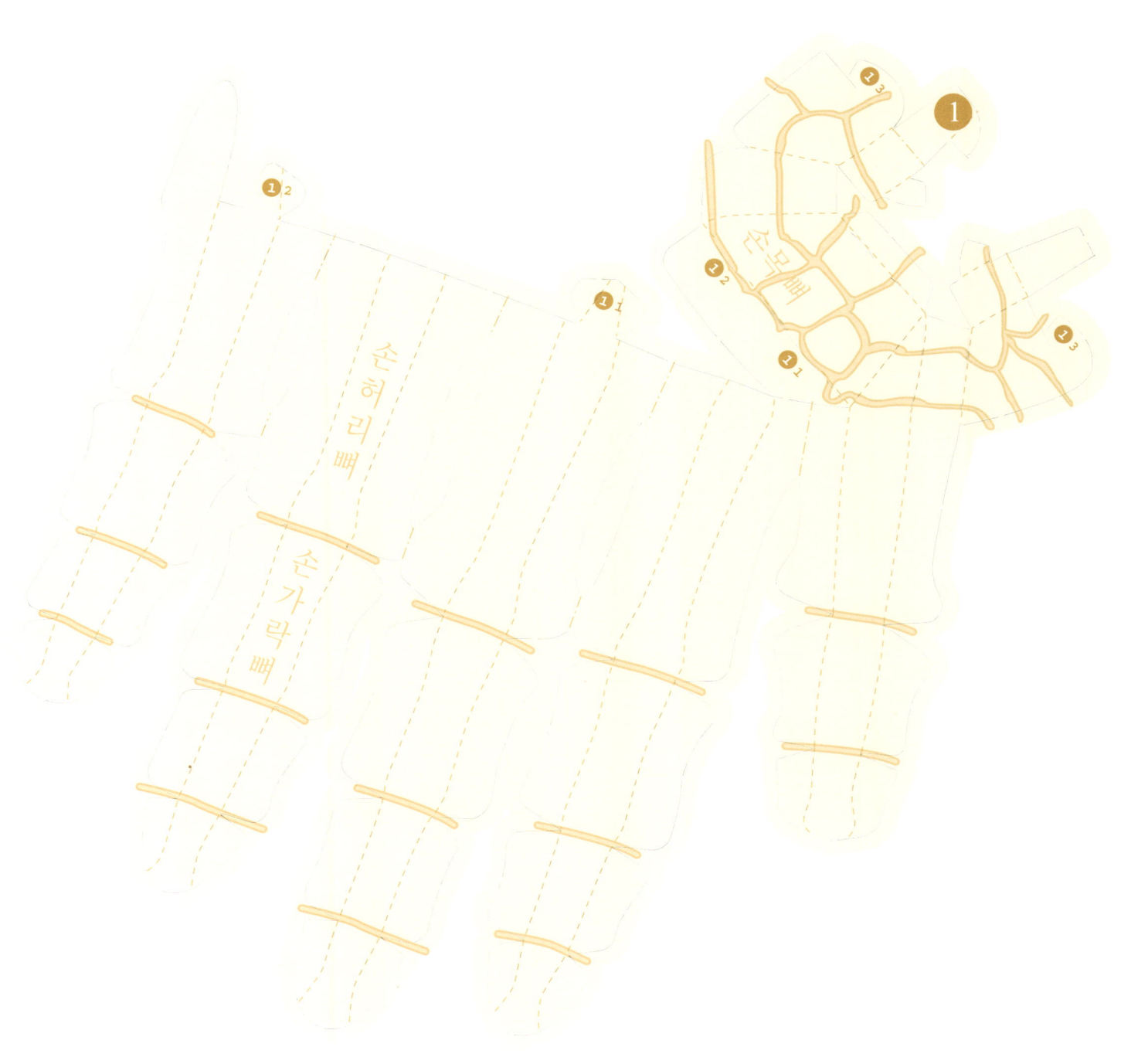

팔 ②

팔 ④

● 주의
------------ 밖으로 접기
—·—·—·— 안으로 접기

팔 ⑤

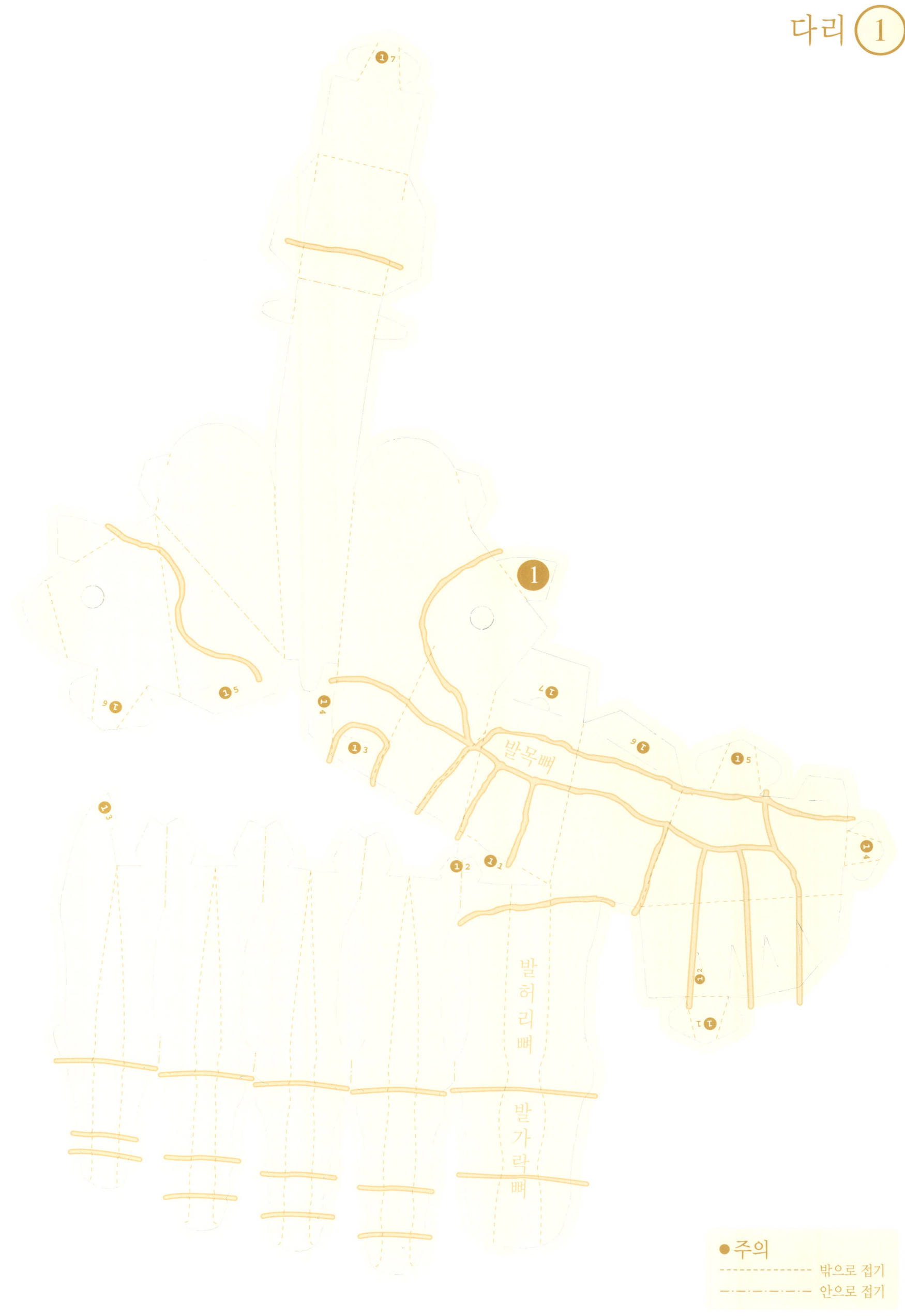

다리 ④

무릎뼈

다리 ⑧